まえがき

本書は、オーストラリアにおける観光の諸形態を一つの触媒として、同国社会の多様性を多くの人びとに紹介することを目的としている。オーストラリアの地域研究を行っている人は、余暇産業の一形態をまとめた手ごろな概説書として本書を読まれるかもしれない。観光研究を専門にしている人にとって、本書はオーストラリアと他の地域を比較するための簡易的な指標となるであろう。ただし、これらの研究について馴染みがない人にとって、オーストラリアとはエアーズロックやオペラハウスの国という以外はほとんどイメージが湧かないかもしれない。そのため、本論に入る前に、前半部分において研究対象であるオーストラリアについて簡単に説明をした。

本書の構成であるが、全部で九章から成っている。1章から3章までは本書を読み進める上での基礎研究である。1章はオーストラリア社会の移り変わりについて多文化主義を中心に述べたものである。そのため、この章はオーストラリアのエスニック政策にあまり馴染みがない方に読んで頂きたい。2章では各国における観光形態やその研究をいくつかあげてオーストラリアと比較した。そのため、観光研究を初めて目にされる方はこの章からご覧頂きたい。3章はオーストラリアにおける観光形態の変遷について、連邦政府あるいは地方自治体の政策を中心にまとめたものである。つまり、この国の観光政策を十分理解する上で必要な基礎知識であると考えられるため、その後の章を読む前に目を通されたい。

4章から9章まではオーストラリア観光と食文化に関するいくつかの事例をあげた。4章から6章は観光に関する諸事例である。4章では一九九〇年代における連邦政府の観光政策の特徴を述べた。5章ではオーストラリアのサステイナブル・ツーリズム、6章では観光における伝統文化について述べた。

7章と8章は食文化に関する諸事例である。7章ではオーストラリアの飲食産業とエスニック・ツーリズムの関連性について、8章ではエスニック料理の普及過程について述べた。9章ではオセアニア地域における観光教育の概説に加え、より深く観光研究を進める人のために情報源をあげておいたので、巻末の資料とともに活用していただきたい。

これらの章のいくつかは既存の論文を基にしている。出典は以下のとおりである。

1章　書き下ろし
2章　書き下ろし
3章　書き下ろし
4章　「環境・先住民・国際化—一九九〇年代オーストラリアにおける観光政策」『オーストラリア研究紀要』第二四号　追手門学院大学オーストラリア研究所　一九九八年
5章　「オーストラリアにおけるサステーナブル・ツーリズム」『日本観光学会誌』第三二号　日本観光学会　一九九八年

6章　「バロッサ・バレー：南半球の小ドイツ」『西洋史』第一〇号　秋田大学教育文化学部　一九九九年に加筆
7章　「エスニック・ツーリズムへの潜在性」『日本観光学会誌』第二九号　日本観光学会　一九九六年
「多文化社会における飲食産業の特色」『オーストラリア研究』第八号　オーストラリア学会　一九九六年
8章　「文化所産の商業化プロセスに関する一考察」『マジス』創刊号　桜美林大学国際学研究科　一九九六年
9章　「オセアニア地域における観光教育機関」『オセアニア教育研究』第三号　オセアニア教育学会　一九九六年に加筆

なお、桜美林大学大学院元国際学研究科長の徳久球雄教授は長年にわたり観光研究のご指導をくださり、本書の出版という発表の場を与えて頂いた。同研究科の福嶋輝彦博士からはオーストラリア研究の専門的な指導を受け、そのおかげで豪日交流基金の研究助成による訪豪調査が可能になった。秋田大学教育文化学部の斎藤泰教授、奥山藤志美教授、幸野稔教授からは多民族・多文化社会に関するご指導を受け、また学部時代にオーストラリアへ初めて留学した際にはなみなみならぬご助言をいただいた。グリフィス大学の内山造道先生（当時）やD・カーター博士（当時）、モナッシュ大学のH・マリオット博士（当時）やP・スペアリット教授には現地調査に関して貴重なアドバイスを頂いた。

一九九九年三月

改訂版の出版にあたって

本書出版後のオーストラリア観光の変化は目覚しく、初版で扱っていない重要事項を加筆する必要に迫られた。オーストラリアではシドニー・オリンピックという一大イベントが行われ、メルボルン・オリンピック以来の観光政策における大きな転機となった。メルボルン・オリンピックでは白豪主義の時代であったのにも関わらず、多民族の共生が進められた。シドニー・オリンピックでは「緑のオリンピック」という俗称で呼ばれ環境問題に力を入れ、エコツーリズムのノウハウを取り入れただけでなく、自然のなかで暮らしてきた先住民アボリジニとの共生もまたアピールされた。

改訂版で新たに追加した10章は北見工業大学でのテキストに加筆したものを収録した。

「オーストラリアの見えないものを見る観光」『見えないものを見る時代』平成一四年度 第一回北見工業大学公開講座 二〇〇二年

初版に引き続き、学文社の稲葉由紀子編集部長には、改訂版の原稿提出の遅れに対して叱咤激励の労を頂いた。ここにお詫びと感謝の意を表したい。

二〇〇三年八月

著　者

目次

目次

略　語

ABS　オーストラリア連邦統計局（Australian Bureau of Statistics）

ACT　首都特別区

AJF　豪日交流基金（Australia-Japan Foundation）

ATC　オーストラリア政府観光局（Australian Tourist Commission）

BIMPR　移民・多文化・人口調査ビューロー（Bureau of Immigration, Multicutural and Population Research）

BIPR　移民・人口調査ビューロー（Bureau of Immigration and Populution Research）

BTR　観光調査ビューロー（Bureau of Tourism Research）

BYO　アルコール持ち込み店（Bring Your Own）

CAE　教員養成系高等教育機関（College of Advanced Education）

DIST　産業・科学・観光省（Department of Industry, Science and Tourism）

NSW　ニュー・サウス・ウェールズ州

NT　北部準州

Qld　クィーンズランド州

SA　南オーストラリア州

SOCOG　シドニー・オリンピック組織委員会（Sydney Organising Committee for the Olympic Games）

TAFE　技術高等専門学校（Technical and Further Education）

Tas　タスマニア州

Vic　ビクトリア州

WA　西オーストラリア州

オーストラリアの観光と食文化

1　変わりゆくオーストラリア社会

1　オーストラリア社会の概観

一九九八年末の時点では、日本の二〇倍以上もある七七一万平方キロメートルの広大な国土に一八〇〇万人ほどのオーストラリア国民が住んでいる。しかも、人口の七割がシドニーやメルボルンなどといった南東部の海岸地帯に居住している。アメリカ合衆国も同様であるが、「新大陸」と呼ばれる地域では、都市から植民地形成が始まったため、建国当時から都市人口の比率が極めて高かった。オーストラリアにおける代表的な都市の人口をあげると、つぎのとおりである。

①　シドニー（三六五万六九〇〇人）、ニュー・サウス・ウェールズ州の州都
②　メルボルン（三〇八万八〇〇人）、ビクトリア州の州都
③　ブリスベン（一三三万四七四六人）、クィーンズランド州の州都
④　パース（一一四万三二六五人）、西オーストラリア州の州都
⑤　アデレード（一〇二万三六一七人）、南オーストラリア州の州都
⑥　ニューカッスル（四二万八七六〇人）、シドニー北部の地方都市
⑦　キャンベラ（二九万三五〇〇人）、オーストラリアの首都

⑧ ウロンゴン（二三万八二四〇人）、シドニー南部の地方都市
⑨ ホバート（一八万一八三八人）、タスマニア州の州都
⑩ ゴールド・コースト（一五万七八五九人）、ブリスベン南部の地方都市
⑪ ジーロン（一五万五四四〇人）、メルボルン南部の地方都市

（Margaret Nicholson (1993) *The Little Aussie Fact Book*, Penguin Books, Ringwood, Vic, pp. 50-51より、人口一〇万人以上の都市のみを抜粋）

このように、人口の多い都市は州都になっているが、これらは一九〇一年に連邦政府が結成される以前にあった六つの植民地政府時代からの拠点だった。図1-1はオーストラリアの各州と代表的な都市を表わしたものである。これらの都市は、連邦政府の首都として人工的に計画されたキャンベラ（一九二七年に遷都）以外は海岸部に立地している。この都市立地の偏りは、オーストラリアの乾燥した気候と関係している。

図1-2はオーストラリアの気候を示したものである。これによると、オーストラリア大陸の内陸部は乾燥が著しく、降水量が十分でないために都市居住者の人口を支えきれないことが分かる。つまり、水資源の極度な不足のため、この国では電信中継基地であったアリススプリングズやいくつかの鉱山町を除くと乾燥帯に都市はほとんど発達しなかった。他方、シドニーやメルボルンのように、水資源を十分に確保できた地域に立地した都市は同国を代表する規模にまで発展した。

さて、降水量の地域差であるが、これは大陸の地形と関係している。オーストラリア大陸は四方を

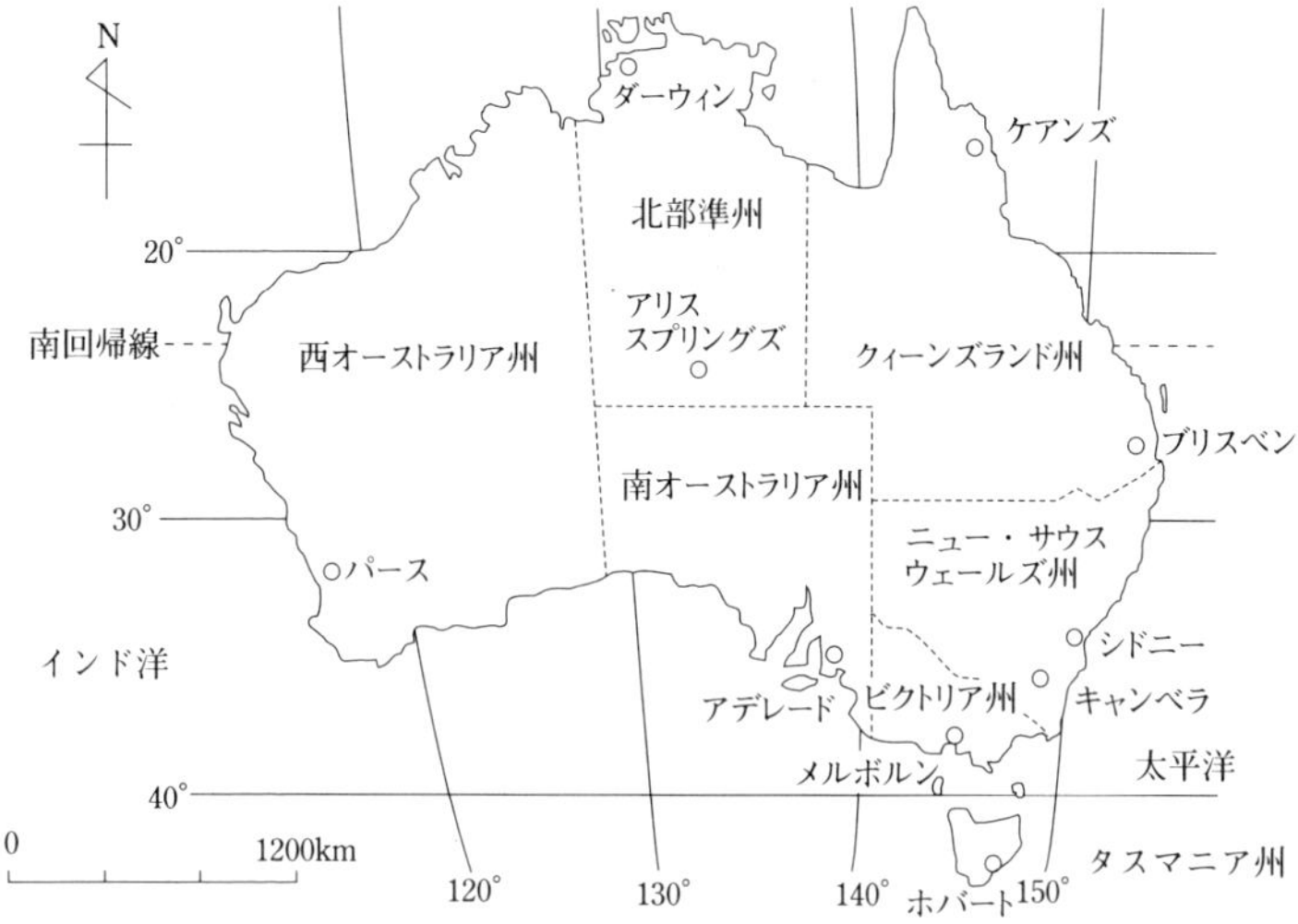

図1-1　州と都市

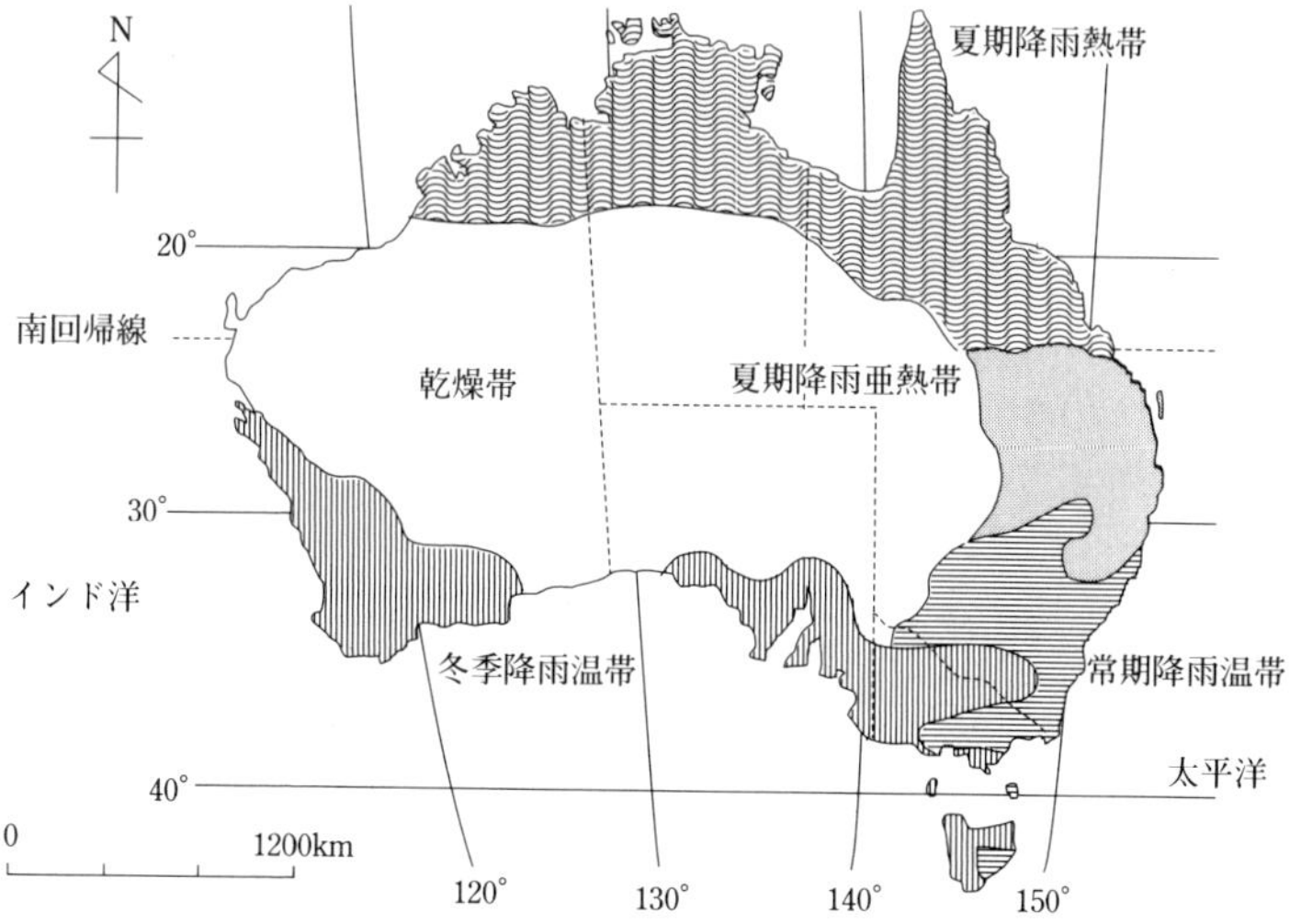

図1-2　気　候

海で囲まれ、赤道全周の九割に及ぶ海岸線（三万六七三五キロメートル）をもっている。しかし、東西南北が海岸線で囲まれているのにもかかわらず、この大陸の降水は東海岸に片よっている。この原因は東海岸からの風向きとグレート・ディバイディング山脈の存在である。図1－3はオーストラリアの地形である。太平洋側から大陸へ湿った風が吹き付けるが、この山脈が湿潤な風を遮る。この湿潤な風が山脈を越える間に大気中の水分は降雨になるため、越えた後は乾燥した風が大陸中央部に吹き付けるのである。そのため、内陸部にはスチュアートやシンプソン、グレートサンデーなどの砂漠が形成されている。

オーストラリア社会は前記にみられる地理的な影響を受けているのと同時に、歴史的な変化も受けている。なかでも、同国社会における変

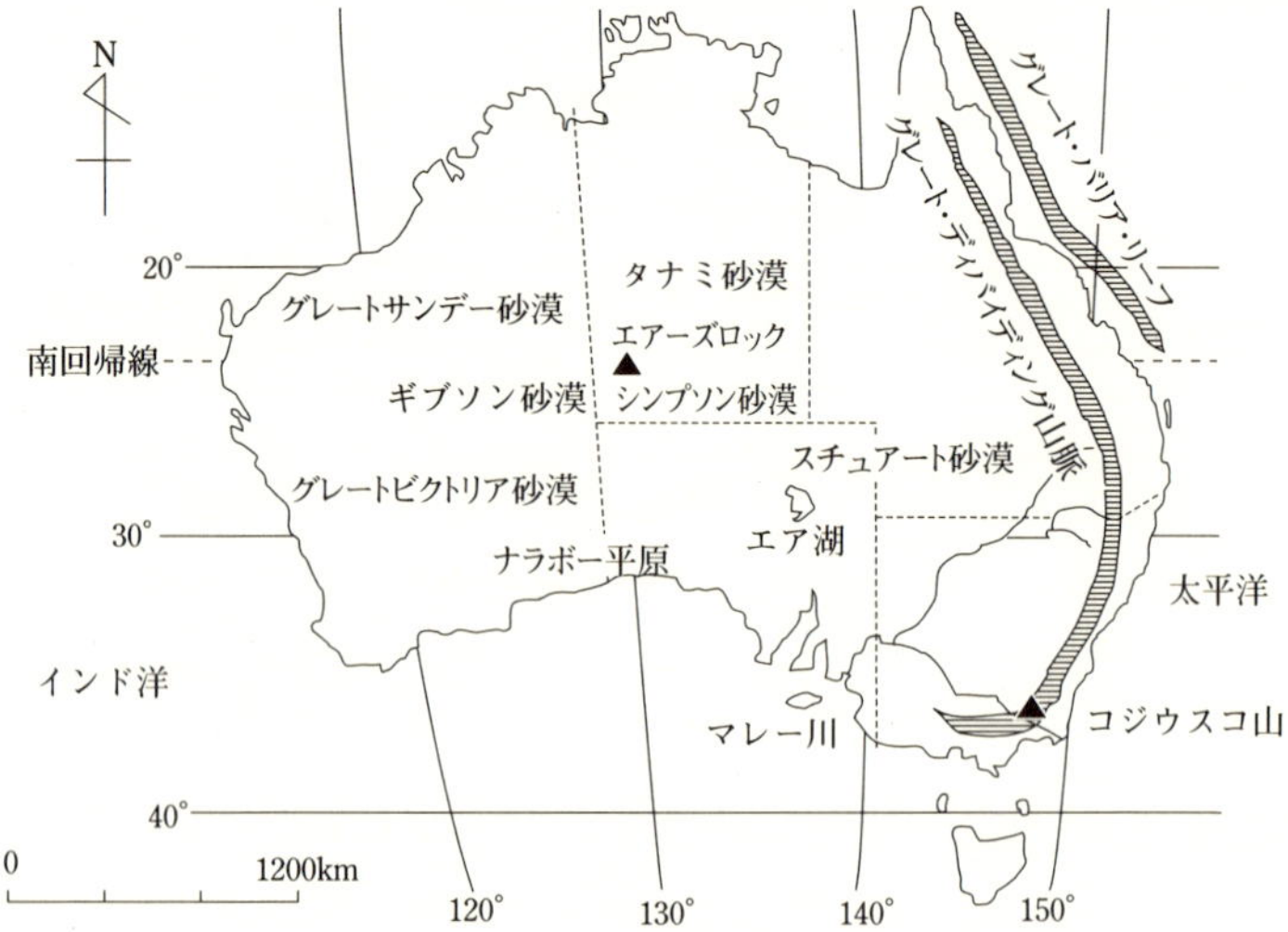

図1-3　地　形

化の最たるものは白豪主義から多文化主義への大転換であろう。この大転換は政治レベルだけでなく、一般の人びとの生活レベルまで影響を及ぼした。つまり、アングロ・アイリッシュ主体の同質的であった社会のなかに、移民や先住民などのマイノリティ文化が日常的に普及していった。

一例として食文化をあげると、多文化社会が形成されたオーストラリアでは、かつてのイギリス風のシンプルな食生活が変化し、イタリア系や中国系などの移民がもたらした多彩な食文化が普及している。同国における伝統的な食事はブッシュ・タッカー（アボリジニ料理）を除くと、ミートパイやダンパー（小麦粉を水だけで練り上げたスコーンの一種）、フィッシュ&チップス（バラマンディと呼ばれる白身の魚が有名）など、シンプルなものが多かった。しかし、多民族化や多文化化による食の多様化の影響により、シドニーのカバブ（レバノンやトルコからの移民が導入）、メルボルンのギリシア料理（イーロスやウゾなど）、バロッサ・バレーのワイン（ドイツ系移民が発展させる）、ダーウィンのサティ（インドネシアやマレーシアからの移民が持ち込む）、ゴールド・コーストの日本料理（一九八〇年代以降の観光開発により普及）などが代表的になっている。

2　白豪主義社会

五万年前にオーストラリア大陸へ渡ったとされる先住民アボリジニを除くと、オーストラリアの本格的な移民は初代総督アーサー・フィリップによる一七八八年一月の第一次船団まで溯れる。流刑囚七八〇名を含んだ一二〇〇人の第一次船団がボタニー湾近くのシドニー湾にニュー・サウス・ウェールズ植民地を開発したわけであるが、現在のイギリスの他に当時イギリス領だったアイルランド出身の人びともこの大陸に到着した。フィリップ総督は流刑囚やエマンシピストと呼ばれる元流刑囚からなる植民地を運営したが、イギリス系の官憲を主体とした支配者層とアイルランド系の小作人を主体とした非支配者層という階層社会が存在していた。(1) この当時から先住民、イギリス系移民、アイルランド系移民からなる多民族社会が形成されていた。

一八五〇年代にニュー・サウス・ウェールズ州のバサーストやビクトリア州のバララットなどで金鉱が発見されたことに始まるゴールドラッシュはオーストラリアの人口形態を大きく変えた。一八五〇年に四一万人だった人口が一八六〇年には一一五万人に急増した。(2) ゴールドラッシュに伴い、当時清朝であった中国からの金鉱労働者が増加し、オーストラリアの民族構成は複雑化した。低賃金で長時間働く中国系労働者と経済的に競合することになったため、ヨーロッパ系金鉱労働者は一八六一年からたびたび中国人排斥運動を起こした。そして一部のヨーロッパ系の人びとはアジア系の移民は自分たちの生活を脅かすという黄禍論を唱えるようになった。

一九〇一年に六つの植民地政府がオーストラリア連邦を結成したが、連邦国家が結成されたことにより、州単位で行われていた移民制限法が全国的に実施された。白豪主義政策の始まりである。このことにより、中国人の金鉱労働者、カナカ人のサトウキビプランテーション労働者、日本人の真珠ダイバーなどがオーストラリアから閉め出された。白豪主義下のオーストラリアでは、ヨーロッパ言語の書き取りテストによってヨーロッパ出身以外の移民の入国が阻止された。連邦結成後、半世紀近くの間イギリスからの移民を優先したために移住者が極端に減少し、結果としてアングロ・アイリッシュ系の同質的な社会が形成された。

3　大量移民計画

移民国家オーストラリアにとって、多民族化の最大の要因は移民の導入である。しかし、オーストラリアに流入した移民の増加は、一九世紀末のゴールドラッシュ期を除くと、第二次大戦後までほとんど顕著ではなかった。建国直後の移民数は極めて少なく、純移民数がマイナスになった時期もあった。そのため、オーストラリアにおける多民族社会化の歴史は、先住民のほうがイギリス系移民よりも多数を占めていた植民地形成初期や、中国系移民が大量に流入したゴールドラッシュ期を除くと、第二次大戦後に始まったといえる。それまでの連邦政府は移民の受け入れにあまり熱心だったとはいえない。一九〇一年の連邦結成から第二次大戦が終わった一九四五年までの間の受け入れ純移民数は、わずか六二万人弱にしかすぎない(3)。そのため、移民の国でありながら、オーストラリアに移民省が設立されたのは遅く、ようやく一九四五年八月になってからのことであった。

しかし、オーストラリアの移民政策には、チフリー労働党内閣（一九四五年七月~四九年一二月）の誕生によって転機が訪れた。移民省の設置に伴い、初代移民大臣にはコルウェルが就任した。こうして、四七年にはコルウェルらを中心に、後のオーストラリア社会の人口構成を大きく変動させることになる大量移民導入計画が実施されていった。

コルウェルが真っ先に始めたことは、移民によるオーストラリアの人口増加策である。これには、国防力の整備と経済の活性化という二つの側面があった。第二次大戦によってオーストラリアは軍事的に苦い経験をした。オーストラリアは日本軍によるダーウィンの爆撃や特殊潜行艇によるシドニー湾攻撃など、大陸本土が戦火に見舞われた。広大な領土を少ない人口で守ることは困難であり、そのため軍隊を大陸南東部の限られた地域、いわゆるブリスベン・ラインまで撤退させる計画さえ立てられた。このように、軍事的に脆弱な大陸北部の国防の整備をするには、わずか七五〇万人の人口はあまりにも少なすぎた。そこで、大量に移民を受け入れることによって人的資源を補い、軍事的に手薄で開発が遅れた地域に労働力を投入することが考えられた。つまり、地理的に孤立していた北部とそこにつながる内陸部において、交通・通信網などといったインフラストラクチャーの整備をし、開発を急ぐことが不可欠とされた。

一方、シンガポール陥落によってイギリス海軍の制海権が奪われると、オーストラリアは工業製品を依存していたイギリスから経済的に孤立した。さらに、戦後もヨーロッパ復興のための需要増大から、イギリスからの製品の供給は不足がちであった。こうした事情から、一九三〇年代以来軍需産業を中心に拡大してきた国内製造業部門のいっそうの拡充が必要となった。完全雇用の達成を政策目標の中心に据える労働党政権にとって、製造業部門の発展は、雇用を創出するものとして歓迎された。大量移民の受け入れには、発展途上の製造業部門に労働力を供給し、さらに、狭小な国内市場の拡大にもつながるという効果が見込まれていたのである。このような状況のため、連邦政府は国防力を一定水準まで充実させ、産業基盤を拡大することが可能なレベルまで人口を増やす必要性があったのである。

大量移民導入計画には、経済学者ギブリンが算出した数値が用いられた。この計画では、移民の大量受け入れによってオーストラリアの人口を最終的には二五〇〇万人にまで増加させるという数値目標が設定された(4)。当初、連邦政府は宗主国であるイギリスからの移民を期待していた。しかし、連邦政府がイギリスからの移民に渡航費の援助をしたにもかかわらず、計画を達成するほどの移民数を集められなかった。その原因として、イギリスとオーストラリア間の船舶が不足していたことや、イギリスからの移民が、距離的に遠いオーストラリアよりもむしろカナダなどの近くの国へ流れてしまったことが考えられている(5)。

つぎに、連邦政府はイギリスからの移民の代わりに成りうる移民を求めた。白豪主義を唱えるオーストラリアにとって、人種的にも民族的にも同質的な社会を維持することは不可欠とされた。したがって、外見的にイギリス系移民に似ていて、オーストラリア社会に同化する可能性の高いと思われる移民の受け入れが優先された。そこで注目されたのは、バルト難民などの東欧からの難民受け入れであった。難民の受け入れには、政治的に虐げられている人びとを助けるという人道的な要因もある。しかし、前述のように当時のオーストラリアでは貴重な労働力として、これらの難民の活用を期待していたのである。

大量移民導入計画が実施された一九四七年、コルウェルは国際難民機関（IRO：International

Refugee Organization）に対し、バルト難民受け入れ書に署名した。[6] そして、アメリカ軍の輸送船に乗ったバルト難民の第一陣は、同四七年一一月にパースの外港フリーマントルに到着した。一九四七年から五三年の間にエストニア人五三二九人、ラトビア人一万九四二一人、リトアニア人九九〇六人がオーストラリアへ移住した。[7] これらバルト難民の受け入れを皮切りに、四七年から五四年までにオーストラリアが受け入れたヨーロッパからの難民は一七万人にのぼる。とくに、東欧からの難民を中心に受け入れており、四五年から八四年までの間に受け入れた出身地別の難民数はポーランド七万四九七三人、ハンガリー二万四九二人、ラトビア一万九四二一人、チェコスロバキア一万五二七六人、ウクライナ一万四四六四人であった。[8]

バルト難民の移住に必要な渡航費や船舶は国際難民機関から援助されており、オーストラリア政府にとっては安上がりな移民の受け入れであった。しかも、バルト難民やその他の東欧からの難民は、指定労働制によって、オーストラリア政府が指定するさまざまな場所で二年間は肉体労働者として働くことを義務づけられていた。[9] 旧ソ連に占領されたバルト三国の難民やソ連の衛星国と化した東欧からの難民は、過酷な労働条件下でも本国へ帰る可能性は少なかったため、気候の厳しい大陸北部や内陸部の開発に当てられた。つまり、東欧系難民には炎天下での道路建設などといった劣悪な環境での労働が待っていた。

東欧系難民の受け入れ以降、オーストラリアが持続的にヨーロッパ系移民を受け入れるようになった要因は、工業化に伴う急速な経済の成長である。オーストラリアは、一九五〇年代の国内の製造業発展や六〇年代の資源ブームによって順調な経済成長が続いた。この持続的な経済成長によってオーストラリアは慢性的な労働力不足に見舞われた。そのため、新たな労働力を確保することが必要になったが、ヨーロッパの戦後復興により、難民を労働力として活用することは困難であった。しかも、米ソの冷戦に伴い、東西間に鉄のカーテンが引かれたため、東欧地域から西側諸国への難民の移動はさらに困難になった。

そこで、つぎに注目されたのがイタリアやギリシアなどの南欧からの移民である。第二次大戦後のイタリアは、大戦末期に受けた損害が著しく、しかも復興が遅れたので極度の物資不足に襲われた。そのため、一九五三年の調査によると一八〇万人ものイタリア人が国外への移住を予定していたとされる。(10)オーストラリアの場合、シドニー郊外のライカート地区などには、第一次大戦以前からシチリア出身の移民が住んでいた。そのため、前から住んでいる移民を頼った連鎖移民が起こった。(11)

イタリア系移民は一九五〇年代には非イギリス系移民のうち最大の移民集団に成長した。イタリア系移民は一九五〇・六〇年代に急増し、前述のライカート地区やメルボルンのライゴン通りなどにイタリア人街を形成した。イタリア系移民の特色は、自営業を営む者が多いことであり、とくにレストランなど個人経営の飲食産業に従事した。一九四七年の調査によるとイタリア系男性の三六・八%が自営業であり、一五・〇%が企業を経営していた。それに対し、オーストラリア生まれの男性の場合、自営業は一四・一%、企業家は七・九%であった。第二次大戦後に移住してきたイタリア系移民は移住当初ほとんどが工場労働者になったが、後にはレストランやカフェなどの小規模な事業を行った。一九八一年の調査でもこの傾向は変わらず、イタリア生まれの男性の二四%が自営業を行っているのに対し、オーストラリア生まれは一六・四%であった。(12)

第二次大戦後のギリシアは、ギリシア市民戦争(一九四六~四九年)や一九六七年のクーデターなど政情が不安定であった。ギリシア本土のみならず、ギリシア系住民が八割を占めるキプロスでも一九六三年からキプロス内戦が起こり、政情不安定であった。(13) ギリシア系移民は、マケドニアやスパルタ出身者を中心にメルボルンへ移住した。入植間もないギリシア人は固まって居住する傾向があり、一九七一年の調査によると、オーストラリア在住のギリシア出身者一六万人のうち、半数近くの七万六二九三人がメルボルンに居住していた。(14) そのため、メルボルンはギリシア系移民の街として知られ、アテネ、サロニカについで三番目にギリシア人の多い都市といわれている。メルボルンには、マケドニア人だけでも六〇以上のエスニック・コミュニティ組織やエスニック団体が存在し、そのほとんどが一九六〇年代に設立されたものである。(15)

南欧からの移民は、イギリスや北欧の移民と比べて渡航条件が良くなかったとされる。これは、旧西ドイツからの移民と比較すると明らかである。南欧出身の移民の大半は、オーストラリア政府の援助を受けていない私費による移民であった。一方、オーストラリア政府は旧西ドイツ政府と一九五二年に移住協定を結んだ。それに基づいて、同年から六〇年代半ばまでの西ドイツからの移民は八万一〇〇〇人が渡航援助費を受けており、私費移民は一万八〇〇〇人にすぎない。他方、ギリシア政府との移民協定は西ドイツと同様に五二年に結ばれた。しかし、オーストラリアが五三年から五六年まで

の間に受け入れた二万九三四四人のギリシアからの移民のうち、援助を受けたのは一万六八三三人だけであった。(16)

南欧からオーストラリアへの移民受け入れも、ヨーロッパの経済成長によって困難な局面を迎えた。とくに、五八年一月のEECの発足に伴い、旧西ドイツへの労働力の流入によってヨーロッパ系移民の枯渇が問題になってきた。出稼ぎを目的とする場合、距離が遠く、移住を前提とするオーストラリアよりも、距離が近く、短期間で本国に帰れる旧西ドイツのガストアルバイター制のほうが外国人労働者にとって魅力的であったと思われる。

ヨーロッパの経済発展により、オーストラリア政府はヨーロッパ諸国との二国間協定による移民獲得は困難になった。ヨーロッパ諸国との提携の困難さはスペインとの移民提携の失敗からも伺える。そのため、オーストラリア政府は、六四年九月に混血ヨーロッパ人の移民手続き簡素化を行い、さらに六六年にはヨーロッパ人であれば出身国を問わずに援助を受けられる「特別渡航援助プログラム」を実施するなど、移民制度の緩和を試みた。(17)

さらに、ホルト内閣（一九六六〜六七年）の移民大臣オッパーマンは、ヨーロッパ人以外の移民を受け入れるために、より一層の法的緩和を行った。非ヨーロッパ系移民の移住を妨げてきたヨーロッパ言語による書き取りテストは一九五八年に廃止され、同時に入国許可制度が導入された。さらに同年から非ヨーロッパ系移民は市民権を与えられるようになっていた。六四年には混血ヨーロッパ人の移住緩和が行われ、以前は呼び寄せができなかった非ヨーロッパ人の親戚呼び寄せに道が開けた。ヨーロッパ系移民は五年で市民権を取れたのに対して非ヨーロッパ系移民の取得には一五年以上の在住が条件であり、人種によって差別されていた。しかし、六六年の「国籍および市民権法」の改正によって、人種にかかわらず、五年以上の滞在者に市民権獲得の権利が与えられるようになった[18]。

ただし、オーストラリア政府はすべての移民を平等に受け入れたわけではない。同政府はヨーロッパ系移民の代わりとして、ヨーロッパ人に類似している移民を優先した。そこで始まったのがレバノン難民とトルコ系移民の受け入れである。レバノンでは、五八年から内戦が続いており、トルコでも六〇年の軍事クーデター以降政情不安が続いていた。そのため、両国とも国外への人口流出圧力が高かった。六七年にはオーストラリア政府とトルコ政府との移民協定が成立し、アジア系移民の部分的受け入れが始まった[19]。しかし、経済大国に成長した旧西ドイツもまた大量のトルコ人労働力を吸収したため、オーストラリアの慢性的な労働力不足は世界的な経済混乱を引き起こしたオイルショックまで続いた。

以上の四七年から六〇年代後半までの移民をまとめると、戦後初期の東欧系移民、五〇・六〇年代の南欧系移民、そして六〇年代後半の中東系移民の三つに時代区分ができる。さらに、移住した時期のみならず、居住した地域もまた異なっている。まず、難民として受け入れられた東欧系移民は指定労働制によって居住地の選択の余地がなかったため、一つの地域に固まることはなかった。しかし、ほとんどの移民が自費で渡航してきたイタリア系やギリシア系などの南欧系移民は主にメルボルンに居住した。他方、レバノン系などの中東系移民の多くはシドニーに定住した。八六年の調査によると、レバノン出身者の七二・六六%はシドニーに居住していた[20]。このような移民居住地の違いはエスニック・レストランや移民の輸入雑貨店の分布に影響を及ぼし、サービス産業の形態に多様性を醸し出すようになった。

4　多文化政策の導入

一九七二年に誕生したホイットラム労働党政権（一九七二〜七五年）は多文化主義をオーストラリアへ導入するようになった。多文化政策は当時の移民大臣グラスビーを中心に、急速に進められた。多民族社会における多文化主義とは、ホスト社会、マイノリティにかかわらず、各民族の文化の優れたところをお互いに認めあうものである。各マイノリティ文化がマジョリティ社会に吸収されていないが、互いに対立するものではなく、一つの社会として調和がとれている「多様性の中の調和」が多文化社会の特徴である。そして、翌七三年の市民権法改正によってすべての移民が、人種や出身地にかかわらず、ヨーロッパ系の移民と同様に三年間の居住で市民権取得の資格を得られるようになった[21]。七五年には人種差別禁止法が制定された。以降名実ともに多文化政策が押し進められている。

オーストラリアで多文化政策を導入したのは、移民の大量受け入れに伴う急速な多民族化によって同化政策がもはや困難になったことが原因だとされる。前述のように同国では南欧からの移民に加え、アジア系移民の部分的導入によって文化的な多様化は進行していった。そのため、民族間の分裂の危険性が高まり、多民族社会を平穏に保つための新たな政策が必要だった。そこでホイットラム政権が選択したのは、すでに七一年にカナダ連邦政府が導入していた多文化政策であった。多文化社会には、同化社会にはなかった利点がある。第一に、政府がマイノリティの文化を好意的に認めることにより、ホスト社会と同様にマイノリティがオーストラリア人としてのアイデンティティを強化するのを促進することができた。第二に、諸民族の文化の優れた要素を共有することによって、それまでのホスト社会よりもさらに文化的にバラエティに富んだ社会の形成が可能になった。オーストラリア政府は、民族の多様性を積極的に活用することにより、諸民族の共生を試みたのである。幸野稔（秋田大学）は、同国の多文化社会は各マイノリティ文化がホスト社会に吸収されていないが、互いに対立するものではなく、一つの社会として調和が取れているとしている。つまり、言い換えれば、多文化主義のコンセプトは多様性のなかの調和であるといえる(22)。

多文化政策は移民だけでなく、それ以外のマイノリティにも適用された。多文化政策の一環として、七二年にアボリジニ問題省が設立された。さらに、七六年には北部準州でアボリジニ土地所有権法が制定された。これらの政策は先住民の土地所有権に大きな進展を示した九二年のマボ判決や九四年の先住民権原法に引き継がれている(23)。

多文化政策は日常生活に及ぶ分野にも導入された。七三年には公的機関の電話通訳サービスが本格的に開始され、以降イタリア語やギリシア語などのコミュニティ言語でサービスを受けられるようになった。多文化放送局ＳＢＳは七八年にラジオ放送、八〇年にテレビ放送を開始した(24)。ＳＢＳではギリシア語やイタリア語、日本語などの放送が行われている。人種に左右されない移民制度が整っていくとともに、さまざまな民族の文化をオーストラリア社会に迎え入れる受け皿が整っていった。そのため、オイルショックに伴う不景気で七〇年代後半の移民受入れ数が停滞したのにもかかわらず、アジア系の人びとを中心とした移民の定住数は着実に増加していった。

アジア系移民の定着は都市部で顕著になった。七六年の時点では、アジア系移民はまだ少数であったが、それでも主要都市では上位に顔を現わすようになった。同年の統計によると、シドニーではレバノン生まれの者が二万四九五七人で、海外生まれの六位になった。パースでは、インド生まれが九〇〇四人で第三位、ビルマ生まれが三八六七人で第九位、マレーシア生まれが三五八一人で第一〇位であった(25)。

さらに、東チモールやベトナムからの難民の受け入れはヨーロッパ系以外の移民受け入れの礎となった。オーストラリアの戦後史では、ヨーロッパ系移民の大量受け入れが、東欧からの難民の受け入れで始まった。現在のようなアジア系移民の大量受け入れもまた、ヨーロッパの場合と同様に難民の受け入れがきっかけとなった。レバノン難民の受け入れに続き、オーストラリアは近隣のアジア諸国からの難民や避難民を徐々に受け入れていった。とくに、東南アジアからの難民はオーストラリアの移民政策に大きな影響を及ぼした。

東南アジア地域では、経済力を握っている華人と政治権力を握っている現地人との間でしばしば民族対立が起こる。華人や華僑の歴史は迫害の歴史であったといえる(26)。たとえば、インドネシアでは、一九六五年九月三〇日に共産党によるクーデター未遂事件が起こった。スカルノ大統領は失脚し、クーデターを鎮圧したスハルト軍司令官が権力を掌握した。この「九・三〇」事件では三〇万人とも五〇万人ともいわれる人びとが虐殺されたが、その多くは華人であった[27]。ジャカルタの中華人民共和国大使館も襲撃され、中国政府は引き上げ船を派遣して四〇〇〇人の華人を収容した。これ以来海外に脱出する華人が増加し、ある者は隣国のオーストラリアにも移住した。

華人に対する迫害は、マレーシアでも起こった。六九年五月一〇日に実施されたマレーシアの総選挙では、マレー人側の与党が大幅に議席を減らし、華人側の野党が大きく躍進した。華人勢力の拡大に危機感を抱くマレー人青年たちが首都クアラルンプールでデモを起こし、一三日には華人との間に流血事件が起こった。いわゆる「五・一三」事件である。三一日には両者の民族暴動は隣国のシンガポールにも飛び火した。これらの民族暴動を契機に、マレーシアのマレー人優先政策、いわゆるブミプトラ政策が始まった。民族差別が制度的にも確定したため、不利益を被る中国系住民の海外移住が増加した。

マレー系と中国系移民の民族対立には、植民地経営の影響が及んでいた。イギリスはゴムなどのプランテーション経営を行い、現地のマレー系住民を労働力として使った。イギリスの植民地経営では経費を節約するために現地の伝統的な共同体を活用した。このとき、少数のイギリス系官僚では手が回らなかったため、中間管理職として中国系の仲介者を導入した。結果として、イギリス系官僚は現地の住民に直接手を下さず、労働者の監視など現地人との支配的な交流は中国系の介在者が行うことになった。イギリス系の官僚は立ち去ったが、中国系の仲介者は当地にとどまった。農村部はマレー系、都市部は中国系という植民地政府による地理的すみわけ政策は独立後でもその影響が残り、第一次産業はマレー系、第三次産業は中国系という職業の分離が起こった。マレーシア産業の発展とともに中国系の人びとは経済的に豊かになり、次第にこの国の経済を握るようになった。

インドネシアでもまた、オランダ植民地政府がイギリスと類似した植民地経営を行った。そのため、マレー系の現地人と中国系住民との経済格差が生まれていった。マレーシアやインドネシアでみられるこのような民族がらみの経済格差は政治的不安定要因になっている。

オーストラリアの近隣諸国の民族問題はさらに続いた。七五年には、オーストラリアとわずか五〇〇キロメートルしか離れていないポルトガル領東チモールで内戦が勃発した。この内戦で六万人のチモール人が死亡し、五万人の難民が生まれた。そのため、七五年八月から九月にかけて、二五〇〇人の東チモール難民が海を越えて対岸のダーウィンにたどり着いた。東チモール難民は、わざわざ地球の裏側から呼び寄せたヨーロッパ難民とは違い、ボートピープルとして直接オーストラリア本土へ入ってきた。東チモール人のボートピープルのうち、七〇〇人はポルトガルへ再出国したが、残る一八〇〇人は一時避難民として、オーストラリアが受け入れた。

このように、近隣諸国の民族問題が悪化するたびに、オーストラリアに難民や避難民が脱出してきた。さらに、ベトナム戦争とその後の南北ベトナム統一によって生まれた大量のベトナム難民はオーストラリアにおける最大のアジア系難民になった。七六年四月、五人のベトナム人を乗せた難民船がダーウィン近くに漂着した。これに続き、七六年から八一年の間に五四隻の難民船と二一八一人のボートピープルが、ベトナムから七〇〇〇キロメートルもの海路を越えて漂着した。当時、オーストラリアはANZUSを通じてアメリカ合衆国と軍事同盟関係を結んでいた。そのため、ベトナム戦争に参戦しており、人道的にもベトナム難民を受け入れざるを得なかった。[28]

ベトナム戦争による難民に加え、南北統一後のベトナムではさらに多くの難民が発生した。サイゴン陥落時には一三万人の難民が生じたが、ベトナム統一後にはさらに多い四〇万人もの難民が生じた。七九年六月までオーストラリアが受け入れたインドシナ難民は二万二〇〇〇人だったが、九〇年一二月までにオーストラリアが受け入れたベトナム難民は九万四三八八人に膨れ上り、第二次大戦後のバルト難民やポーランド難民の受入れ数を上回った。[29]

多くのインドシナ難民を受け入れたのは人道的な理由だけではなかった。七〇年代以来アメリカ合衆国のパワーの相対的低下に対応するため、オーストラリア政府はアジアとの外交関係を重視する立場を鮮明にした。そのため、大量のインドシナ難民の収容に悩む周辺のASEAN諸国を支援するため、オーストラリアは積極的な難民の受け入れ姿勢を打ち出したのである。こうして、ベトナム難民に加え、カンボジアやラオス難民を加えたインドシナ難民は、タイやマレーシアなどの第三国を経由してオーストラリアが受け入れた難民を含むと一二万七七〇四人に及んだ。ただし、ベトナム難民の受け入れは人道的な理由だけではなかった。フレーザー保守連合政権（一九七五年一一月〜八三年三月）は旧ソ連やベトナムに対して強行策を取っていた。連邦政府の外交政策として、ベトナムから追われた難民は敵の敵であり、味方として受け入れられた。

オーストラリアにおけるアジア系人口の増大には、難民受け入れとは別の要因があった。オイルショック以降、オーストラリアでは重厚長大型の製造業が伸び悩むなかでハイテク産業やサービス産業などが発展していった。全体的に労働力は過剰であったが、新しい産業部門での人材が不足したため、連邦政府は技術や資格をもっている移民や資産家の移民（ビジネス移民）を導入した。[30] このとき移民選抜に有効だったのがポイントシステム制であった。ポイントシステム制とは、移民の年齢や教育水準、職歴などに点数を付け、その合計点によって移民を選択する制度である。受け入れ国には、国内の産業構造の変化に合わせて点数を変えることによって望ましい人材のみに焦点を絞って移民を受け入れられるという利点がある。他方、この移民制度には、人種や民族にかかわらず、移民の能力によって客観的に選抜されるという特徴もある。フレーザー保守連立政権は七九年一月に、ホイットラム時代の「構造的選択評価システム」型のポイントシステムを改良した「要因別数量評価システム」（NUMAS：Numerical Multifactor Assessment System）のポイントシステムを試行した。[31]

オーストラリアにおけるポイントシステム制の導入には、カナダの移民政策の影響が大きいといわれる。[32] カナダでは六七年に移民審査官の裁量権を残したポイントシステム制が施行され、七六年には要因別数量評価型のポイントシステムが導入されていた。カナダでは七八年にビジネス移民のカテゴリーが導入され、八〇年代の同国の慢性的な景気停滞に伴ってビジネス移民の割合は増加傾向であるとされる。[33]

オーストラリアでビジネス移民として許可された者は、一九八一／八二会計年度に九〇〇〇人であったものが、八九／九〇会計年度には一万人に増加した。ビジネス移民には中国系の人びとが多く、八四年から八七年までのビジネス移民の調査によると、調査対象二四七一人のうち、半数以上は華人を含む中国系移民であったとされる。[34] なお、オーストラリアにおける新たな種類のアジア系移民は地理的に偏っている。ビジネス移民を含む技術者移民の割合をみると、クィーンズランド州における比率が高いことがわかる。九一／九二会計年度の場合、全移民に占める技術者移民の割合はオーストラリア平均が三七・六％だったのに対し、クィーンズランド州は四三・七％であった。逆に、南オーストラリア州やビクトリア州では技術者移民の比率が相対的に低い。主要な州をあげると、ビクトリア州三四・二％、ニュー・サウス・ウェールズ州三七・八％、南オーストラリア州三〇・三％、西オーストラリア州四一・三％であった。[35]

これらの新しい移民はサービス産業に貢献した。たとえば、連邦統計局のシモンズは、同国の外食産業はアジア系移民の進出が著しいことを指摘している。[36] 九七年の中国返還に伴い、八〇年代末に香港からの人口流出が起こった。裕福な香港市民がオーストラリアやカナダに移住した。英語を話せ、オーストラリア人に雇用の機会をもたらす可能性がある香港系移民は当時の連邦政府にとってもっとも望ましい移民であったと考えられる。

ただし、多文化主義の急速な普及に伴い、それに対する反対論がみられるようになった。[37] 反対論者のなかには、ハンソン議員率いる一国民党（One Nation）のように地方で勢力を拡大したものもみられる。アジア系移民には一種のステレオタイプがつきまとう。典型的なものは、アジア系移民は自己の文化に固執し、固まって行動し、移住先の社会に溶け込もうとしないというイメージであろう。九二年一一月に公表されたイップらのアンケートによる研究によると、アジア系移民にはいくつかの悪いイメージがある。六三・九%のオーストラリア人はアジア系移民は母語に固執しすぎと考えており、四六・七%の人びとは、アジア系移民はオーストラリアの生活習慣を受け入れようとしないと考えている。しかし、食生活に関するかぎり、アジア系移民のイメージはいたって肯定的である。六三・二%ものオーストラリア人がアジア系移民の流入によって食生活が豊かになったと評価している(38)。さらに民族舞踊、ファッションなど文化的な多様性を享受できることは高く評価されている。田村加代（フェリス女学院大学）は、アボリジニの工芸品や服飾デザインの多様性が評価され、それらの文化所産が商業化されていることについて言及している(39)。

さらに、オイルショック後発展した新しい産業は先住民や旧来の移民にも貢献している。田村恵子（オーストラリア国立大学）は、八〇年代以降急速に成長を続けている観光産業は失業に喘ぐアボリジニに雇用の機会を作り出しているとしている。同時に土産物として販売されている美術工芸品や先住民の伝統的な生活を体験するエスニック・ツーリズムなどはアボリジニの文化に対する誇りを高揚させるものであると評価している(40)。メルボルンで毎年三月に開催される諸民族の祭典、ムウンバ・フェスティバルもまた、先住民や移民に対して同様の効果をもっていると思われる。

注

（1）エマンシピストのなかには、経済的な力を得る者も生まれた。
（2）一八五四年には一五〇名の鉱夫が高級なライセンス料を要求するビクトリア植民地政府に対し、ユーリカ砦の反乱（Eureka Stockade）を起こした。
（3）Jackson, R. V., *The Population History of Australia*, Penguin Books, Fitzroy, Vic., 1988, p. 27.
（4）関根政美『マルチカルチュラル・オーストラリア』成文堂　一九八九年　二五五ページ
（5）シェリントン、ジェフリー／加茂恵津子訳『オーストラリアの移民』勁草書房　一九八五年　一七九ページ
（6）同右　一八一ページ
（7）畑中幸子「バルト移民とエスニシティ」『思想』第八一八号　一九九一年　五五～五六ページ
（8）関根　前掲書　三七七ページ
（9）同右　二五五ページ
（10）イミダス編集部編『ワールド・イミダス』集英社　一九九一年　一一三ページ
（11）シェリントン　前掲書　一九二～一九三ページ
（12）Castles, Stephen et al., *Australia's Italians*, Allen & Unwin, Sydney, 1992, pp. 75-76.
（13）イミダス編集部　前掲書　一〇三ページ
（14）Department of Immigration and Ethnic Affairs, *Ethnic Distribution 1976*, Australian Government Publishing Service, 1981, Canberra より抽出。
（15）Tamis, Anastasios M., *The Immigration and Settlement of Macedonian Greeks in Australia*, La Trobe Univ. Press, Bundoora, Vic., 1994, pp. 131-132.

(16) シェリントン　前掲書　一九四ページ
(17) 関根　前掲書　二六一ページ
(18) 同右　二六二ページ
(19) 同右　二五九ページ
(20) Coppell, Bill, *Australia in Facts and Figures*, Penguin Books, Australia Ltd., Ringwood, Vic., 1994, pp. 149-157.
(21) 一九九八年現在では、市民権取得資格が二年に短縮されている。
(22) 幸野稔「オーストラリアにおける多文化主義」『秋田大学一般教育総合研究科目研究紀要　諸民族の社会と文化I』秋田大学教育学部　一九九〇年　五八ページ
(23) 竹田いさみ・森健編『オーストラリア入門』東京大学出版会　一九九八年　六四ページ
(24) ただし、オイルショック後の緊縮財政は言語政策を変質させた。多文化政策導入直後の言語教育ではギリシア語やレバノン語といった移民が使うコミュニティ言語に力を入れていた。その後日本語やコリア語といった商売で使う通商言語の教育へ移行しつつある。
(25) Department of Immigration and Ethnic Affairs ed., *Ethnic Distribution 1976*, Australian Government Publishing Service, Canberra, 1981, pp. 5-18.
(26) なお、華僑は中国への帰国を希望する一時滞在者、華人は国外定住者を示す。華僑や華人の経済活動については、ユウ・チュウクン『世界のチャイニーズ』サイマル出版会　一九九一年、日常生活については光田明正『中華の思想と日本人』講談社　一九九三年が詳しい。
(27) 山下清海『東南アジアのチャイナタウン』古今書院　一九八七年　一一五ページ
(28) Evans, Gareth and Grant, Bruce, *Australiasi Foreign Relations*, Melbourne Univ. Press, Carlton,

Vic., 1991, pp. 203-204. エバンズによると、ベトナム戦争当時、ソ連で起こった共産主義が中国、ベトナムと南下し、最後にはオーストラリアにも共産化が及ぶという「ドミノ理論」が広まっており、共産化の南下を防ぐためにオーストラリアは出兵したとされる。

(29) Gordon, Harry, *An Eyewitness History of Australia*, Penguin Books Australia Ltd., Ringwood Vic., 1988, p. 446.

(30) 技術者移民やビジネス移民の受入れ数増大は要因別ポイントシステム制度の影響が大きい。一九七九年に導入されたこの制度は、技能や適正などを数量化し、数値の高い移民を優先する選抜制度である。

(31) Jupp, James and Kabala, Marie ed., *The Politics of Australia Immigration*, Bureau of Immigration Research, Canberra, 1993, p. 62.

(32) *Ibid*., p. 42.

(33) 田村知子「『開かれた社会』への挑戦」『カナダ研究年報』第一三号　一九九三年　七三〜七四ページ

なお、最近のカナダの移民政策については以下の文献が詳しい。Nash, Alan, "Some Recent Developments in Canadian Immigration Policy," *The Canadian Geographer*, 38(3) 1994, UMI.

(34) Bureau of Immigration Research ed., *Expectations and Experiences A Study of Business Migrants*, Australian Government Publishing Service, Canberra, 1990, pp. 16-17.

(35) Bureau of Immigration Research ed., *Settler Arrivals by State of Intended Residence 1991-92*, Australian Government Publishing Service, Canberra, 1993, p. 5.

(36) Symons, Michael, *The Shared Table*, Australian Government Publishing Service, Canberra,

1993, p. 101.

(37)　多文化主義反対論は経済的な負担を理由にあげる場合が多い。ブレイニー論争（Geoffrey Blainey：一九八四年）、ハワード論争（John Howard：一九八八年）、ハンソン論争（Pauline Hanson：一九九六年）などがある。

(38)　Ip, David et al., *Images of Asians in Multicultural Australia*, Multicultural Center, University of Sydney, 1992, pp. 50-51.

(39)　田村加代「アボリジナルアートの都」『オセアニア教育研究』第四号　一九九七年　三四ページ

(40)　田村恵子「オーストラリア・アボリジニと文化観光」『旅の文化研究所研究報告3』旅の文化研究所　一九九五年　七八ページ

2　各国における観光研究

洋の東西を問わず、観光の目的は歴史的背景の移り変わりに伴って大きく変化してきた。なかには、広く普及した宗教の聖地を訪問するさまざまな形態の巡礼やルネッサンス後のヨーロッパにおけるグランド・ツーリズムなど、時代を象徴する観光もみられた。徒歩から馬車、船舶といった交通機関の発達は人びとの移動を容易にした。とくに鉄道や航空機の発展は、大量の人びとを短時間に輸送できるため、観光の発展に大いに貢献した。広大な国土であり、四方を海で囲まれたオーストラリアでは、交通機関の発展は観光産業の発展に大いに貢献した。

さらに、社会が多様化し複雑になると、観光の形態も多様化していった。交通機関の発展は団体旅行を容易にし、マスツーリズムの時代をもたらした。自然保護運動の高揚は、環境にやさしいエコツーリズムを広めていった。これらの観光にはさまざまな要素が付加され、つぎつぎと新たな形態が生まれつつある。観光が盛んになるにつれて、それに関連するさまざまな用語が生まれてきた。観光の研究をする人びとが増加するのに伴い、観光自体多様な解釈がなされている。

そこで、ここでは観光に関するいくつかの用語とその定義を整理してみたい。初めに、観光とそれに関連した用語の語源について述べる。観光の形態は時代によって変化してきた。そのため、つぎに観光の歴史的な変遷について述べる。観光の定義はそれを研究している人びとによってなされてきた。さらに観光研究の誕生とその発展について述べる。

1　観光の語源

旅行をすることを表わす語句は実にさまざまである。たとえば英語の場合、トラベル（travel）やツアー（tour）、トリップ（trip）、ジャーニー（journey）、ボエッジ（voyage）などが旅行を表わすものとして用いられる。本来、トラベルは大陸横断などの大旅行を意味し、トリップは日帰りや一泊程度の小旅行、ジャーニーは大陸内の旅行、ボエッジは船旅を意味していた。なかでも、ツアーは周遊旅行を意味し、日常生活から離れた場所に旅行して再び帰ってくることから、観光を行うことの訳語に用いられている。さらに、観光を表わす語句にはサイトシーイング（sightseeing）とツーリズム（tourism）が使われるが、前者は本来物見の意味で幅広く用いられるため、旅行を伴った観光の場合は後者が用いられる。(1) ツーリズムやツアーは、ラテン語でろくろを意味する語句（tornus）に由来しており、これらは巡回旅行することを意味している。(2)

現在使われている観光とは、観光の語源が意味している、旅行して帰ってくるという行動だけを指すのではない。観光は人間を精神的に満足させるさまざまな行為を包括しており、余暇活動の一環として考えられる。余暇を指す語句であるレジャー（leisure）はラテン語（licere）に由来する。本来、レジャーは生活時間のうちの労働のための時間と生理的に必要な時間を除いたまったく自由な時間を指している。つまり、レジャーは許された自由な時間、自分で処理できる時間のことを指していた。しかしながら、今日ではレジャーは余暇時間のみならず、それを使ってする娯楽を指す場合もある。

さらに、余暇を指す語句として、レクリエーション（recreation）がある。これは、仕事や勉強などの疲れを癒し、精神的、肉体的に新しい力を盛り返すための休養や娯楽を指す。つまり、レクリエーションとは文字どおり精神と肉体を再生（re-create）するための行為である。レジャーは時間であり、目的意識をもつとは限らないのに対し、レクリエーションは心身の再生が目的なのである。オーストラリアで余暇活動が活発になったのは経済成長が著しかった一九五〇・六〇年代の頃であった(3)。

休養のための観光で代表的なものとして、バカンスがあげられる。バカンス（英語ではvacation, フランス語ではvacances）はラテン語の休み（vatio）または空間（vacantia）が語源とされる。バカンスは日本では主に長期休暇を指すが、フランスやドイツ、イタリアなどでは長期休暇に伴う旅行を意味する。バカンスと観光はともに旅行の一形態ではあるが、その目的は異なっている。バカンス旅行は海や山に腰を落ち着けて滞在するのに対し、観光旅行はさまざまな場所をあちこちと歩き回ることがその目的である。

バカンス旅行の目的地はリゾートと呼ばれる。リゾート（resort）は古フランス語の再び出かける（resortir）に由来する。もともとリゾートは避暑や避寒のための土地を指しており、何度も繰り返して訪れる場所であった。ただし、観光ガイドブックにみられるように、繰り返して訪れる場所でなくても、有名な海水浴場やスキー場などをリゾートと称している場合もある(4)。一九八〇年代に日系企業によって開発されたクィーンズランド州の海岸はこの例だといえる(5)。

観光は、遺跡や風光明媚な自然などのような恒常的なものだけを目的とされるのではない。優良なイベントもまた観光に少なからぬ影響を及ぼす。イベントとは定期的、または一回限り開かれる大きなフェアや祭り、博覧会などのことを意味する。イベントの大部分は非観光的理由から生まれてきたが、観光アトラクションとしてイベントを意図的に創り出す傾向がある(6)。メルボルンがF1グランプリをアデレードから引き抜いたことや、ラグビーの各国対戦であるテストマッチを巡って各都市が誘致を競うことは、イベントに伴う観光の影響の大きさを物語っている。

イベントは、その性格によってさらに細かく分けられる。たとえば、メッカ巡礼のような宗教的イベント、リオのカーニバルのような文化的イベント、万博のような商業的イベント、オリンピックやサッカーのワールドカップのようなスポーツイベント、王族の訪問のような政治的イベントに分類される。これらは多数の観光客を短期間にひきつける強力な要因になりうる(7)。二〇〇〇年開催のオリンピックの誘致でシドニーと北京が熾烈な争いを行ったことは記憶に新しい(8)。

第二次大戦後の半世紀は、かつてなかったほど非常に多くの人びとが観光を行うマスツーリズムの時代である。観光客の増加に伴い、観光は経済面でも、文化交流の面でも社会的に強い影響を及ぼすようになった。つまり、ピアスによるとマスツーリズム時代の観光とは、「訪問者が多人数用の施設を利用しながら非物質的な欲求を充足するために、定住の場所を自発的、一時的に変更することから生じる社会的、経済的現象の総体」であるとされる(9)。ここでは、狭義の解釈である周遊型の観光に加え、長期滞在型のリゾートライフやイベントに伴う日帰り旅行なども研究対象とする。つまり、狭義の観光のみならず、移動を伴うレジャー活動の総体を研究対象としている。

2　観光の歴史的変遷

今ではレジャー活動の一形態としての色彩が強いが、観光の起源の一つは巡礼から始まったといわれる。現在でも、イスラム教徒によるメッカ巡礼、ユダヤ教徒のエルサレム巡礼、ヒンズー教徒のベレナス巡礼など、聖地は世界各地で大観光地になっている[10]。オーストラリアでは、エアーズロックやアボリジニの壁画を目的地として国内外から観光客が訪れるが、これらの地域もまた先住民の聖地であった。

古代の観光は宗教的色彩が強いとされる。紀元前五世紀の歴史家ヘロドトスによると、古代エジプトでは、神殿への巡礼が行われていたとされる。古代ギリシアでも観光は盛んであり、宗教、体育、保養といった目的で行われていた。古代ローマ時代には、宗教、療養、食道楽などが観光の主要因とされた。ローマでは食道楽が多かったことが特徴的であり、各地の特色あるワインを飲み歩く観光もまた人気があった。歴史家のマッサノが「ワイン観光」と呼ぶほど食道楽観光は盛んであった。さらに紀元前一世紀には、アピキウスが『調理のことについて』という大冊の料理書を残している[11]。これらの形態は現代にも引き継がれており、オーストラリアでも気候の温暖なクィーンズランド州への療養旅行やバロッサ・バレーへのワインツアーが行われている[12]。

古代の観光の発展要因はいくつかあげられる。第一に、道路網の整備と交通機関の発達があげられる。古代ローマではアッピア街道などの交通路が整備され、馬車や旅客用の馬車路線が運行され、徒歩だけに頼っていた時代よりも観光がはるかに容易になった。第二に、古代ギリシアのタベルナのような休息施設や宿泊施設の増加があげられる。その他にも、貨幣経済の定着や治安の維持が良好であったことなどが観光の発展に貢献したと考えられる。

古代ギリシア時代や古代ローマ時代にはスポーツや食道楽といった特色ある観光が発達したが、中世ヨーロッパの観光は巡礼が中心であった。なかでも中世の三大巡礼地、エルサレム、ローマ、サンティアゴ・デ・コンポステーラへの参拝は盛んに行われ、これらの聖地は一大観光地になった(13)。日本でも、一一世紀ごろから貴族による寺社参詣が行われていた。平安末期には西国三十三ヵ所参りが行われ、室町時代には四国八十八ヵ所遍路が行われるようになった。江戸時代になると、巡礼は庶民にも浸透するようになった。良く知られている庶民の伊勢神宮への参詣は、慶安時代の一六五〇年ごろから始まったとされる(14)。

しかし、聖なる日（holly day）が休日（holiday）に変わっていったように、宗教的な観光もまた世俗化していった。ヨーロッパでは一六世紀になると、宗教改革の影響によって聖地への巡礼が減少し、それに代わってルネッサンスの影響を受けた、知識追及のための観光が盛んになった。とくに、一八世紀後半から一九世紀前半にかけては、貴族や作家などの知識人たちのグランド・ツアーが活発に行われた。そのため、ドイツ、イギリスなどの知識人たちが競ってギリシアやローマの遺跡に訪れるようになった[15]。他方、冒険旅行も行われた。ビクトリア時代の旅行作家であり、一八九二年に女性で初めて王立地理学協会の特別会員に選ばれたバードは四〇歳代のときにオーストラリアやニュージーランドを訪れている[16]。

グランド・ツアーに始まった世俗的な観光は、次第に大衆化が進んでいった。イギリスでは一八二〇年代になると、鉄道が急速に発達した。これに注目したイギリスのトーマス・クックは一八四一年に鉄道を使った団体旅行を開始した。クックは牧師であったが、一八四五年には旅行代理業を開業した。トーマス・クック社は一八八〇年代にはオーストラリアへのツアーを組んでいる[17]。他方、アメリカでは駅馬車会社であったアメリカン・エクスプレス社が一八九一年にトラベラーズ・チェックを発売した[18]。さらに、エルスウォス・スタットラーが低価格のホテルを一九〇八年にバッファローに開業し、各地にチェーン店を開業していった。高級ホテルとして名をはせたリッツ・ホテルとは対照的に、スタットラー・ホテルは大衆化に貢献した[19]。

以上の観光大衆化の動きに加え、観光地そのものも整備されていった。世界初の国立公園として、一八七二年にアメリカのイエローストン国立公園が指定された。日本でも一九三四年に一五の国立公園が指定された[20]。オーストラリアでもまた、一九七九年にカカドゥ国立公園が制定された。一九三〇年代以降になると、マスツーリズムの時代に入り、ヨーロッパやアメリカでは観光客が急増した。観光産業の発展に伴い、観光に関する法制度も整備されていった。日本では、一九四八年に旅館業法が制定され、これによって宿泊施設が分類されるようになった。さらに、日本では一九五二年に旅行あっ旋業法、一九六二年に旅行業法が制定された[21]。第二次大戦の傷が癒えたヨーロッパでは、一九六〇年代にレジャー時代を迎え、七〇年代にはバカンス旅行が盛んになった。八〇年代には、日系企業による大規模なリゾート開発が世界各地で行われた。先述のクィーンズランド州におけるリゾート開発もこの一環であった。

他方、一九七一年に採択されたラムサール条約にみられるように、自然保護への関心も高まっていった。この条約は水鳥を初めとする湿地に生息する動植物の保護を促進することを目的としていたが、後の自然保護条約にも強い影響を及ぼした。この風潮のなかで生まれたのがエコツーリズムである。これは、自然環境を保護するとともに地域の住民の伝統的な生活様式も含めた地域生態系を破壊せずに観察し、体験することを目的とした観光であり、九二年六月に開催された地球サミットで支援された[22]。環境に優しいタイプの観光形態は、スイスやコスタリカ、カナダなどではそれらの国々の観光政策の主流に至るまで発展しつつある。オーストラリアでもまたエコツーリズムは観光省によって推進されるまで注目されるようになった[23]。

3　観光研究の発展

前述の歴史書やマルコポーロなどの紀行文を除くと、観光に関する研究は観光統計から始まるとされる。一八九九年に、イタリア政府統計局のボディーオが「イタリアにおける外国人の移動及びそこで消費される金銭について」(“Sul movimento dei forestieri in Italia e sul denaro che vi spendono”）を記しているが、これが今日残されている最古の観光研究だとされる。[24] 観光の発展に伴い、観光研究もまた次第に体系化されていった。イタリアでは、一九二七年にローマ大学教授のマリオッティが『観光経済講義』（*Lezioni di economia turistica*）を刊行した。マリオッティはディシプリンとしては経済学を基に、応用学としての「観光論」を構築した。[25]

他方、ドイツでは、一九三〇年代中ごろにベルリン商科大学教授であるグリュックスマンが複数のディシプリンからなる総合科学としての「観光論」（Fremdenverkehrslehre）を提唱した。つまり、グリュックスマンが提唱した観光論とは、地理学や社会学、経済学などの社会科学のみならず、気象学や心理学、医学なども含んでいた。グリュックスマンは、一九三五年に『観光事業概論』（*Allgemeine Fremden Verkehrskunde*）を記した。[26] 彼は、観光とは「滞在地に一時的に滞在している人と、その土地の人々との間の諸関係の総体」であるとした。これらの諸研究の影響を受け、一九四〇年代前半には「非定住性」と「非営利性」という二つの原則が観光の主要な定義となった。非定住性とは、あくまでも滞在であり、移民のように定住しないことである。非営利性とは、行商のように旅行先で直接収入を得る営業活動をしないことである。[27]

同じ頃、余暇に対する意識も変わっていった。オランダの歴史学者ホイジンガは一九三八年に遊ぶ人を意味する『ホモ・ルーデンス』を出版した。ホイジンガは、古代ギリシア語やサンスクリット語における遊びやカナダの先住民イヌイットにおける遊技形態まで幅広い視点から研究を進め、余暇活動の本来的な意義を考えた。ホイジンガは余暇活動をすることは人間にとって重要であり、芸術や文学などの文化を形成するために必要不可欠であるとした[28]。

一九九〇年代における観光とは複合的な現象であり、その定義はさまざまな学術分野に取り組む専門家によってなされる。それぞれの観点を反映した定義がなされているため、広く承認された定義を得ることが難しい。経済学者は観光を経済現象としてとらえ、需要と供給の諸力に連動して発達すると考える。社会学者は人びととの社会的接触に重点をおき、旅行者と主催者、ガイド、地元住民との関係から観光を考える。心理学者は旅行への動機を考え、旅行目的を確定させる特定の欲求を追及する。なかには、オーストラリア・モナッシュ大学のスペアリットのように、広告媒体を通して観光研究を行うという興味深い試みもみられる[29]。

前述の古典的な定義では、観光とは定住や賃金労働を伴わないことを前提に、非定住者によるある地域への旅行や訪問、あるいはそれから発生する関係や現象の総体を指していた。これに加え、九〇年代の社会では、観光とは文化現象であるとも捉えられる。つまり、観光による人間の移動は文化伝播の機会や異なった文化の遭遇の場を与える。それによって文化的なショックや文化間の衝突が起こり、文化変容の要因となりうるとされる[30]。このような視点での研究は、マリオットやアダムスによって行われている[31]。さらに、民族性と観光形態の関連を研究した者として、ピザムやアイバーソンがあげられる[32]。

観光の定義と同様に、観光客も仕事以外の理由で場所を移動して旅行する人というように、空間的な移動の広範囲にわたるプロセスの一要素として考えられていた。しかし、観光が余暇活動の一環として考えられるようになったため、観光客は一時的な余暇による変化の経験を目的として、家から離れた場所を自発的に訪れる人であると認識されるようになった。(33)

グリュックスマンが観光研究を始めた一九三〇年代もそうであったが、観光は多様なディシプリンの主題であった。そこで、マルチディシプリナリー研究やインターディシプリナリー研究が用いられるようになった。マルチディシプリナリー研究とは、協力するディシプリンがそれぞれの概念や手法を用いる研究であり、研究の総合主題だけが共通している。他方、インターディシプリナリー研究は前者よりもより統合化されている。後者の研究は、より厳密な調査方法が要求されるため、サンプルや指標、研究地域などを同一化したうえで、複数のディシプリンの研究者により調査する必要性が生じる。これらの方法は、単独のディシプリン研究よりもより総合的に研究できるということで、今後の観光研究の発展のうえで期待されている。(34)

4　エスニック・ツーリズムに関する定義と諸研究

本書では観光における諸民族の貢献について6章から8章までを割いた。ただし、エスニックの定義自体が多様であるため、エスニック・ツーリズムに関する研究は多種にわたる。そこで、エスニック・ツーリズムとは何であるか定義づける必要がある。参考にするため、エスニック・ツーリズムをタイトルに掲げているもの、あるいは観光におけるエスニック文化を主な研究テーマにしているものをあげると、先行研究にはつぎのようなものがある。

オストロフスキーは、エスニック・ツーリズムを研究するうえでの研究対象に関するいくつかの留意点について述べている。たとえば、ポーランド系のエスニック・ツーリズムについて調査する場合、研究対象が何であるのかを明らかにすることが重要である。この研究の場合、ポーランドに住んでいるポーランド系の住民、ポーランド在住のエスニック・マイノリティ、アメリカ合衆国などポーランド以外に住んでいるポーランド系の人びとが対象になっているが、対象によってそれぞれ研究の視点が大いに異なってくる。(35) これとは異なる分類方法もある。文化人類学者のファン・デン・ベルゲによると「エスニック・ツーリズムとは、先住民のエキゾチックな文化によって形成されたものが観光客への主な出し物である観光」であると定義している。(36)

移民社会におけるエスニック・ツーリズム関連の研究では、移民社会における先住民とエスニック・マイノリティの移民という二つの立場からのアプローチがみられる。先住民を対象とした研究は多くみられ、たとえばウイリアムスとスチュワートは、イヌイットやその他のネイティブ・カナディアンによる先住民文化を主体とする観光の発展について研究している。(37) 同様の研究は他の地域でもみられ、ヤングはニュージーランド観光におけるマオリ文化の可能性に関する研究「ニュージーランド―発射台の上のマオリ観光」を行っている。(38)

エスニック・ツーリズムとそれ以外の観光形態を総合的に研究したものもある。リーとヒンチは、カナダ先住民の民族文化とサステイナブル・ツーリズムの複合化について研究している。(39) ツェッペルは、マオリ文化自体の保存と環境に優しいマオリ文化がもたらす観光の持続可能性との両面から先住民による観光の事例を報告している[40]。

エスニック・マイノリティの移民を研究対象としたものには、つぎのものがある。サノポロスとウォールは、アメリカの観光におけるエスニック・グループの貢献についてギリシア系アメリカ人を例に述べている[41]。イースマンは、ルイジアナのケイジャン文化が観光によって活性化し、地域住民のアイデンティティ高揚に貢献した事例をあげている[42]。ただし、本書ではエスニック・マイノリティによる消費活動やアイデンティティの高揚のみならず、海外からの観光客やホスト社会がマイノリティの文化所産を消費する活動や異文化接触なども研究対象とする。

複数のエスニック・グループにかかわる研究もみられる。ゴールドブラットは、観光に対する多文化主義の影響について指摘している[43]。ここでは、ヒスパニック系やアジア系移民などの増大は観光に有意義な文化的多様性をもたらす一方で、労使間のトラブルを引き起こしているという事例をあげている。

ここではオーストラリアやアメリカ合衆国といった、いわゆる移民社会を念頭においている。逆に、一般的に移民社会とは呼ばれない地域における研究にはつぎのようなものがあげられる。ピッチフォードは、人口的にマジョリティのイングランド人に対するマイノリティのウェールズ人の観光という立場でエスニック・ツーリズムを定義づけている[44]。ヨーロッパ以外の地域をみると、ミルマンは、中近東におけるイスラエル人やエジプト人による異文化間の接触場面について研究している[45]。ソフィールドは、フィジーやバヌアツなどで伝統的な暮らしを営む住民によるサステイナブル・ツーリズムの諸事例について述べている[46]。

これらの研究で対象となっているのは、その地域ではマジョリティである民族である。しかし、欧米系の観光客からみるとその地域住民の風習などが独特で興味深いため、エスニック・ツーリズムと表現しているようである。ただし、私は移民社会におけるエスニック・マジョリティはホスト社会として考える。そのため、オーストラリアにおけるイギリス系移民の文化を活用した観光は研究の主眼においていない。

エスニック・ツーリズムを主題とはしていないが、本論を進めるうえで有意義な研究がいくつかある。シェルトンとフォックスは、ハワイに訪れる観光客の出身地別食事形態の違いを研究している[47]。キメルは、美術観光の経済的な重要性を研究しており、さらにこの種の観光におけるリピーターの多さについて指摘している[48]。トッドとビゴットは、ワイン観光におけるフェスティバルやイベントなどの独特な行事の活用を指摘している[49]。文化観光と呼ばれるこれらの観光形態のなかには、エスニック文化の要素を含んでいるものもある。

5　オーストラリアにおけるエスニック・ツーリズムの先行研究

オーストラリアでは、数あるエスニック・ツーリズムのなかでもアボリジニに関する観光形態は研究が進んでおり、連邦政府の官公庁からいくつかの研究報告書が出されている。たとえば、観光省から出版された『観光のための才能』では、オーストラリア観光における先住民文化の貢献を絶賛している[50]。ここでは、ダンス・シアターによる舞踊、博物館・美術館におけるアボリジナル・コレクション、キャンプを主体とした体験型観光などを成功例としてあげている。

先住民文化を観光資源としているものはアボリジナル・ツーリズムと呼ばれているが、つぎのような研究がみられる。環境に優しい先住民の生活に着目し、アルトマンは一連の業績のなかで、アボリジナル・ツーリズムを自然保護の視点から研究している[51]。文化保護の面からの研究もあり、カーシェンベッットージンブレットは、観光におけるアボリジニ文化の重要性を指摘している[52]。これらの研究のように、オーストラリアのアボリジニ研究者や先住民自身のなかには、アボリジニを「ネイティブ」というカテゴリーで区切り、他のエスニック・グループと分けて考える傾向がある。ただし、ここでは、人口的に多数を占めるアングロ・アイリッシュ系住民以外の少数民族はエスニックであるという広義の解釈を用いる。

他方、移民系のエスニック・ツーリズムの先行研究をみると、連邦政府よりはむしろ地方自治体やコミュニティ単位の業績が多いようである。たとえば、カブラマッタ市の観光協会は「観光発展計画」のなかで、ベトナムからの移住者によって造られた寺院やエキゾティックな街の雰囲気が同市の観光発展のため重要な可能性を秘めていることを主張している[53]。デントンとファースは、ドイツ系移民によって導入されたワインで有名なバロッサ・バレーへの訪問客の行動パターンについて研究している[54]。

非英語系諸国以外の観光客に関する民族的な特徴を研究した例もみられる。キングとガマジは、オーストラリア在住のスリランカ出身の人びとが故郷へ旅行するときの行動パターンや消費活動について研究している[55]。さらに、キングらは韓国からの観光客でも同様の研究を行っている[56]。フォーシースらは、移民や長期滞在者による呼び寄せ観光の経済的効果や観光資源として有望なレストランなどの多様化について研究している[57]。

エスニック・ツーリズムそのものではないが、それに関連する分野である、移民による食文化の多様性についての研究は一九九〇年代に入ると顕在化してきた。ホースキンは、観光の陰の立役者であるワインやエスニック料理の研究を行い、連邦政府の移民および人口調査ビューローから出版されている広報誌に掲載されている[58]。なお、前述した食文化研究『シェアード・テーブル』の著者であるシモンズは連邦統計局の研究員である。

古代の巡礼や貴族のグランド・ツアー、現代のマスツーリズムといったように、観光の形態は時代によって大きく変化してきた。さらに、観光に関する研究方法は、経済学や地理学、心理学などといったディシプリンによって異なっている。観光の定義は時代や研究ディシプリンによってさまざまな見解がなされてきた。他方、近年では、さまざまなテーマでマルチディシプリナリー研究やインターディシプリナリー研究が行われている。観光もこれらの研究によって総合的な研究が行われるのと同時に、各ディシプリンで共通する定義が徐々に確立されていくと思われる。

本書では、基本的にオーストラリアにおける国際観光や州際観光を研究対象としているが、バロッサ・バレー・フェスティバルのように連邦や州レベルの観光政策に影響を及ぼす規模の大きいイベントを伴う観光はこのかぎりではない。すでに述べたが、周遊型の狭義の観光だけではなく、長期滞在型のリゾート・ライフや観光客の移動を伴うイベントなども本研究の対象である。本書で対象とする観光形態を整理するとつぎのようになる。

1　アボリジナル・ツーリズム

2　以下の観光形態で移民や先住民文化の要素を含むもの

　文化観光

　遺産観光

　持続可能型観光　など

3　以下の余暇活動で観光客の移動を伴うもの

　グルメや食文化探求

　祭りや行事

　美術館や博物館巡り

　建築・建造物見学

　街並み散策　など

グルメや食文化探求はバロッサ・バレーでドイツ風のワインを楽しむツアーやライゴン通りのイタリアン・グルメツアー、メルボルンのフード・フェスティバルに加え、アボリジニ料理のブッシュ・

タッカー・ツアーなどを念頭におく。祭りや行事では、キャンベラの多文化祭、メルボルンのムウンバといったもろもろのエスニック文化の祭典に加え、中国正月、セント・パトリック・デー（アイルランド祭り）、グリンジ（ギリシア祭り）など個別のエスニック祭典も対象とする。

移民や先住民による有形の文化所産には、屋内展示のもの、屋外の有名な建物、興味深い街並みなどがある。美術館や博物館巡りではアデレードの多文化博物館、キャンベラにある国立美術館のアボリジニ・コレクション、メルボルンのチャイニーズ・ミュージアム、シドニーのユダヤ博物館などがよく知られている。建築・建造物として、ダーリング・ハーバーの中国庭園やカウラの日本庭園見学のほかに、バリ建築の寺院が目を引くインドネシア大使館や伝統的な建築様式を活かしたパプア・ニューギニア公館を観光バスで回るキャンベラの大使館巡りツアーなどがあげられる。

街並み散策としてあげられるものとして、チャイナタウン（シドニー・メルボルン・ブリスベン・パース・アデレード）やイタリア人街（ライカート・ライゴン通り・サウスバンク）、ドイツ人街（タナンダやハーンドルフ）、ベトナム人街（カブラマッタ・リッチモンド）などがあるが、シドニーのレッドファーン地区のように都市アボリジニやレバノン人が混住している地域も観光資源として可能性を秘めている。

注

（1）徳久球雄『キーワードで読む観光論』学文社　一九九六年　二四ページ

（2）塩田正志・長谷政弘編『観光学』同文舘　一九九四年　四ページ

（3）当時のオーストラリアの社会誌は、以下の文献が詳しい。ただし、この本の基になったホーンの『ラッキー・カントリー』は豊富な鉱産物資源や農産物の輸出で、豊かな生活を苦労なく享受していたオーストラリア人への警鐘の書である。Hone, Donald, *The Lucky Country Revisited*, DENT Pty Ltd., Melbourne, 1987.

（4）塩田・長谷　前掲書　八ページ

（5）クィーンズランド州における日本企業の観光投資に関しては、つぎの文献を参照されたい。遠山嘉博「オーストラリアおよびクィーンズランドにおける日本の観光客と観光投資」『オーストラリア研究紀要』第一七号　追手門学院大学オーストラリア研究所　一九九一年

（6）ホール、コリン・マイケル／須田直之訳『イベント観光学』信山社　一九九六年　一ページ

（7）同右　二五ページ

（8）シドニーオリンピック誘致に関しては、オリンピック誘致委員による以下の回顧録を参照されたい。McGeoch Rod, *The BID : Australia's Greatest Marketing Corp*, Reed Book Australia, Melbourne, 1995.

（9）ピアス、タグラス他／安村克己監訳『観光研究の批判的挑戦』青山社　一九九五年　一一ページ

（10）徳久　前掲書　二四ページ

（11）塩田・長谷　前掲書　一七ページ

（12）オーストラリアにおけるワイン観光やワイナリーの歴史に関しては、以下の文献を参照されたい。Beeston, John, *A Concise History of Australian Wine*, Allen & Unwin, St. Leonards, NSW, 1994. McMahon, Jim, *Australian Wine-Regions and Rituals*, TAFE Publications, Collingwood, Vic.,

1995. Ioannou, Noris, *Barossa Journeys-into a valley of tradition*, Paringa Press, Adelaide, 1997.

(13) 塩田・長谷　前掲書　二〇ページ

(14) 同右　二三ページ

(15) 前田勇編『現代観光総論』学文社　一九九五年　二二ページ

(16) 金坂清則「イザベラ・バード論のための関係資料と基礎的検討」『旅の文化研究所研究報告3』旅の文化研究所　一九九五年　二二ページ

(17) Hall, C. M., *Introduction to Tourism in Australia* (2nd edition) Longman Australia, 1995, p. 39.

(18) 前田　前掲書　二三ページ

(19) 同右　一六一ページ。グランド・ツアーの発展に伴い、宿泊施設も整備されていった。資産家や貴族の宿泊施設として、一八二九年にボストンのザ・トレモント・ハウス、一八五〇年にパリのグランド・ホテルなどの商業化された高級ホテルが誕生していった。これらの高級ホテルのなかでも、とくにリッツ・ホテルが代表的であった。リッツ・ホテルはスイス人の実業家セザール・リッツ（C. Ritz）とフランス人の料理人オーギュスト・エスコフィエ（G. A. Escoffier）によって開業され、晩餐会やレストランでの正装着用などは現在の高級ホテルに少なからぬ影響を及ぼしているとされる。

(20) 徳久　前掲書　五八ページ

(21) 同右　四六ページ

(22) 同右　二六ページ

(23) Department of Tourism, *National Ecotourism Strategy*, Australian Government Publishing Service, Canberra, 1994 を参照されたい。

(24) 塩田・長谷　前掲書　一一ページ

(25) 徳久　前掲書　二六ページ

(26) 同右

(27) 塩田・長谷　前掲書　五ページ

(28) ホイジンガ、J.／高橋英夫訳『ホモ・ルーデンス』中央公論社　一九七三年

(29) Spearritt, Peter, "The Holiday Continent : Symbols of Australia," *Journal of Australian Studies*, Vol. 9, Australian Studies Association of Japan, Tokyo, 1997, pp. 52-57.

(30) ピアス　前掲書　一一ページ

(31) 以下の文献を参照されたい。マリオット、ヘレン「異文化間コミュニケーションと日本人観光客」『日本観光学会研究報告』第二三号　日本観光学会　一九九一年。Adams, Kathleen M., "Ethnic Tourism and the Renegotiation of Tradition in Tana Toraja (Sulawesi, Indonesia)," *Ethnology*, 36(4) 1997

(32) 以下の文献を参照されたい。Pizam, Abraham et al., "Nationality vs industry cultures : which has a greater effect on managerial behavior," *International Journal of Hospitality Management*, 16(2) June, 1997. Iverson, Thomas, J., "Decision timing : a comparison of Korean and Japanese travelers," *International Journal of Hospitality Management*, 16(2) June, 1997.

(33) ピアス　前掲書　一一ページ

(34) 同右　一五ページ

(35) Ostrowski, Stanislaw, "Ethnic tourism-Focus Poland," *Tourism Management*, 12(2) 1991, pp. 125-131.

(36) van den Berghe, Pierre, L., "Tourism and the Ethnic Division of Labor," *Annals of Tourism*

Research, 19(2) 1992, p. 234.

(37) Williams, Peter, W. and Stewart, J. Kent, "Canadian Aboriginal Tourism Development," *The Journal of Tourism Studies,* 8(1) James Cook University, Qld, 1997, pp. 25-41.

(38) Young, Bruce, "New Zealand-Maori tourism on the launch pad," *Tourism Management,* 10(2) 1989, pp. 153-156.

(39) Li, Yiping and Hinch, Tom, "Ethnic Tourism Attractions and Their Prospect for Sustainable Development at Two Sites in China and Canada," *Asia Pacific Journal of Tourism Research,* 2(1) Dong-A University Department of Tourism, Pusan, 1997, pp. 5-17.

(40) Zeppel, Heather, "Maori Tourism Conference Te Putanga Mai," *Journal of Travel Research,* 36(2) Travel and Tourism Research Association, Boulder, Colorado, 1997, pp. 78-80.

(41) Thanopoulos, John and Walle, A. H., "Ethnicity and Its Relevance to Marketing : The Case of Tourism," *Journal of Travel Research,* 26(3) Travel and Tourism Research Association, Boulder, Colorado, 1988, pp. 11-40.

(42) Esman, Marjorie, R., "Tourism as Ethnic Preservation- The Cajuns of Louisiana," *Annals of Tourism Research,* 11(3) 1984, pp. 451-467.

(43) Goldblatt, Joe, Jeff, "Multiculturalism : Myth or Commitment ?," *Festival Management & Event Tourism,* 1(1) Cognizant Communication, New York, 1993, pp. 27-29.

(44) Pitchford, Susan, R., "Ethnic Tourism and Nationalism in Wales," *Annals of Tourism Research,* 22(1) 1955, pp. 35-52.

(45) Milman, Ady, et al., "The Impact of Tourism on Ethnic Attitudes : The Israeli-Egyptian Case,"

Journal of Travel Research, 29(2) Travel and Tourism Research Association Boulder, Colorado, 1990, pp. 45–49.

(46) Sofield, Trevor, H. B., "Sustainable Ethnic Tourism in the South Pacific," *The Journal of Tourism Studies,* 2(1) James Cook University, Qld, 1991, pp. 56–72.

(47) Sheldon, Pauline, J. and Fox, Morton, "The Role of Foodservice in Vacation Choice and Experience : A Cross-Cultural Analysis," *Journal of Travel Research,* 27(2) 1988, pp. 9–15.

(48) Kimmel, James, R., "Art and Tourism in Santa Fe, New Mexico," *Journal of Travel Research,* 33(3) 1995, pp. 28–30.

(49) Dodd, Tim and Bigotte, Veronique, "Perceptual Differences Among Visitor Groups to Wineries," *Journal of Travel Research,* 35(3) 1997, pp. 46–51.

(50) Commonwealth Department of Tourism ed., *A Talent for Tourism-Stories about indigenous people in tourism,* DOT, Canberra, 1994 を参照されたい。

(51) Altman, Jon, "Tourism Dilemmas for Aboriginal Australians," *Annals of Tourism Research,* 16(4) 1989, pp. 456–476. Altman, John and Finlayson, "Aborigines, Tourism and Sustainable Development," *The Journal of Tourism Studies,* 4(1) James Cook University, Qld, 1993, pp. 38–50.

(52) Kirshenblett-Gimblett, Barbara, "Heritage : a new mode of cultural production," *Tourism & Travel Review,* 3(3) Sydney, 1994, pp. 8–9.

(53) Cabramatta Tourist Association ed., *Tourism Development Plan,* Cabramatta Tourist Association, Cabramatta, NSW, 1994 を参照されたい。

(54) Denton, Stephanie and Furse, Bill, "Visitation to the 1991 Barossa Valley Vintage Festival,"

Festival Management & Event Tourism, 1(2) Cognizant Communication, New York, 1993, pp. 51-56.

(55) King, Brian E. M. and Gamage, M. Ari, "Measuring the Value of the Ethnic Connection: Expatriate Travelers from Australia to Sri Lanka," *Journal of Travel Research,* 33(2) 1994, pp. 46-50.

(56) King, Brian E. M. and Choi, Hew Jong, "The attributes and potential of secondary Australia destinations through the eyes of Korean travel industry executives," *Journal of Vacation Marketing,* 3(4) London, 1997, p. 314.

(57) Forsyth, Peter, et al., "The Impact of Migration on Tourism Flows to and from Australia," *Discussion Paper,* No. 282, The Australian National University, Canberra, 1993, p. 6.

(58) Hoskin, Jenny, "Australia's unofficial ambassador for finefoods and wine," *BIPR Bulletin,* No. 12, October, Bureau of Immigration and Population Research, Canberra, 1994, pp. 20-21.

3　観光概説史

オーストラリアの観光形態は時代によって異なっており、違いはその当時の社会的背景を反映している。交通手段の面からみると、道路や鉄道網の整備は国内観光を促し、航空網の整備は海外からの観光客誘致に有利に働いている。経済的な面からみると、一九五〇・六〇年代の経済成長、七三年のオイルショック以降の世界的な景気停滞、八〇年代の外資系企業による東海岸の大規模開発、九〇年代の混迷するアジア・オセアニア経済などは、オーストラリアの観光形態に大きな影響を及ぼしている。

さらに、政治的な面からみると、白豪主義の終焉や多文化主義の導入などといったエスニック政策の変遷、日本やASEAN諸国などのアジア・太平洋地域を重視する外交政策などはインバウンド観光に少なからぬ影響を及ぼしている。ここでオーストラリア観光の概略的な通史をあげると以下のようになる。

1　観光創生期

ブレイニーの『距離の暴虐』にみられるように、オーストラリアの建国は広大な地理的空間をいかに克服するかということが最大の課題であった。距離克服のため交通機関を発展させてきたことは、観光の発展にとってもまた重要な要因であった。交通網が未発達であったごく初期の段階では、徒歩や馬から鉄道への交通手段の変化は国内観光の足がかりとなった。一八五〇年のシドニー〜パラマッタ間の鉄道着工以降、オーストラリアでは鉄道網が整備されていった。一八七九年にシドニーで鉄道ガイドブックが出版されたが、これはオーストラリアで初の政府出版による旅行ガイドブックであるといわれる。鉄道交通が急速に発達した一八八〇年代にはトーマス・クック社が鉄道を利用したツアーを組み、一八九八年には観光ガイドブックを出版した(1)。

観光地としての魅力を伝えることもまた、観光客を呼び寄せるために重要な要素である。一八五一年に誕生したばかりのビクトリア植民地(現ビクトリア州)は、大規模なイベントを植民地のプロモーションのために活用した。そこで、早くも一八五四年一〇月には中心都市のメルボルンでオーストラリア初の博覧会が開催された。一八六六年一〇月には同メルボルンでオーストラリア大陸の諸植民地が参加する博覧会が開催され、二七万人の観客を数えた。一八八八年にビクトリア植民地政府がオーストラリア初の官営旅行情報サービスを始めたが、これはメルボルンで開かれた建国百年祭へ訪れる観光客の便宜を図るためであった(2)。

鉄道建設は各植民地別に進められてきたが、一九〇一年の連邦結成はオーストラリア大陸全土を結ぶ交通網の計画が可能になった。一九二〇年にはカンタス航空が発足し、各州を結ぶ航空路が一九二二年に開業された。交通網が広がるにつれ、シドニーやメルボルンといった都市部以外にも観光地が広がっていった。一九三四年からオーストラリア全国旅行協会が雑誌『ウォークアバウト』を出版しているが、当時の記事にはシドニー〜パース間の大陸横断鉄道の着工や珊瑚礁や砂浜が美しい北クィーンズランド州の海岸などが掲載された(3)。トーマス・クック社のシドニー支店が一九四一年に開業され、観光の大衆化の胎動がみられるようになった。しかし、一九四二年二月の日本軍によるダーウィン爆撃とその後の対日戦激化により、本格的な観光の大衆化は第二次大戦以降に持ち越された。

すでに述べたように、オーストラリアでは、第二次大戦以降鉱工業が急速に成長し、経済的に豊かな生活を享受するようになった。しかも、一部の限られた者に多くの富が集中した大戦以前のものと比べると、戦後の富の配分は比較的均等であった。一九一五年の時点では上位の五%の人びとが六六・二%の富を占めていたのに対し、一九六六〜六八年にはその割合が二四・六%にまで下がってきたことからも、平等な配分が伺える(4)。そのため、経済的な豊かさと労働時間の短縮を背景にレジャーブームが起こった。この時期にはレジャー関連の商品も開発され、一九六五年にはこの国のキャンプやバーベキューに欠かせない持ち運びに便利なカスク・ワインが発明された(5)。

さらに、自動車の普及と高速道路網の整備は行楽地への移動を容易にし、観光産業の発展に貢献した。一九六〇年代には宿泊形態が変化し、自動車で移動する宿泊客のために、安価で利用できるモーテルやホテルが郊外に造られていった(6)。鉄道が国内観光を促したように、船舶から航空機への交通手段の変遷は六〇年代以降国際観光を急速に発展させた(表3-1)。加えて、一九五六年一一月に開催されたメルボルン・オリンピックは海外からの観光客誘致の呼び水となった。この国の観光産業の発展に伴い、それに関連する省庁が徐々に整備されていった。一九六七年には連邦政府の広報機関であるオーストラリア政府観光局（ATC）が設立された。しかしながら、一九六〇・七〇年代における同国の観光収支は赤字であった（表3-2）。

表 3-1　観光客数の推移（1963-73年）　（単位：人）

	海外観光客数			オーストラリア人観光客数		
調査年	海路	空路	合計	海路	空路	合計
1963	11,769	49,406	61,175	36,512	39,663	76,175
1964	11,700	60,506	72,206	39,620	51,401	91,021
1965	13,405	75,686	89,091	45,806	65,200	111,006
1966	14,093	85,994	100,087	48,391	75,504	123,895
1967	13,375	109,726	123,101	46,378	101,546	147,924
1968	11,888	178,938	190,826	42,072	129,452	171,524
1969	12,358	225,470	237,828	44,028	152,303	196,331
1970	12,583	248,647	261,230	45,294	197,255	242,549
1971	12,507	253,900	266,407	44,397	252,894	297,291
1972	13,101	231,899	245,000	35,335	350,472	385,807
1973	11,729	272,721	284,450	33,449	467,520	500,969

出典：Miller, J. G., *Overseas Arrivals and Departures Year 1973*, ABS, Canberra, 1974, p. 20.

表 3-2　観光収入の推移（1966/67～1977/78年度）

（100万ドル）

年　度	収　入	支　出	収支比	差　額
1966/67	70	139	1.99	69
1967/68	80	147	1.84	67
1968/69	83	157	1.89	74
1969/70	92	186	1.98	94
1970/71	117	199	1.70	82
1971/72	126	264	2.09	138
1972/73	123	321	2.61	198
1973/74	156	341	2.14	182
1974/75	212	428	2.02	216
1975/76	233	509	2.18	296
1976/77	278	510	1.83	232
1977/78	326	531	1.63	205

出典：The Parliament of the Commonwealth of Australia, *House of Representatives Select Committee on Tourism Final Report* (*Parliamentary Paper No. 281/1978*), Australian Government Publishing Service, Canberra, 1978, p. 12.

2　観光発展期

前記のように、交通機関の発展や余暇社会の実現に伴い、オーストラリアの観光は徐々に発展していった。しかし、オーストラリアの観光産業が急速に発展したのは一九七三年一〇月の第一次オイルショック以降である。第二次大戦後のオーストラリア経済は鉱産物輸出に依存していたが、オイルショック以降の世界的な省資源化はサービス産業へのシフトを加速化させた。そのシフト中で劇的な成長を遂げ、オイルショック後一世代のうちに外貨収入の首位を占めるまで発展したのが観光産業であった。

観光産業の発展に伴い、ホイットラム労働党政権は一九七二年にレジャー産業関連の業務を専門に担当する観光・レクリエーション省を設立した(7)。ホイットラム政権は連邦総督による首相罷免によって翌七五年に倒れたが、連邦政府における省庁の観光関連業務は形を変えながら引き継がれていった。七〇年代以降の観光政策は国際観光を視野に入れた活動に特色がある。たとえば、青少年の国際交流の推進を試みたワーキング・ホリデー制度が七五年にイギリスと結ばれたが、七七年にカナダ、八〇年に日本、八一年にオランダ、八五年にアイルランド、九五年韓国、九六年マルタと提携国が増えていった(8)。

連邦政府のみならず州政府も観光政策に力を入れてきた。観光関連の広報機関をみると、一九七九年にクィーンズランド州政府観光局が設立され、八四年にはニュー・サウス・ウェールズ州政府観光局と西オーストラリア州政府観光局、八五年に南オーストラリア州政府観光局、九二年にビクトリア州政府観光局が設立された(9)。開業に認可が必要なカジノの開業をみると七三年にはホバートのレスト・ポイントのみであったものが、七九年にはダーウィンのダイアモンド・ビーチ、八五年にはブリスベンのジュピターズとパースのバーズウッド、九四年にメルボルンのクラウンと広まっていった(10)。

オイルショック以降の観光開発では外資系企業が大きな役割を演じた。外資系企業のなかでも日系企業の参入が代表的であり、とくにクィーンズランド州における開発はオーストラリア社会に大きな衝撃を与えた。クィーンズランド州では、七〇年代末からブジョルキ（ビョーク）・ピーターセン地方・自由党政権（一九六八〜八七年）のもとで、大規模なリゾート開発が行われた。

初めに、不動産会社であった岩崎産業が七八年にロックハンプトン近郊のヤプーンで、山手線の内側の面積に匹敵する当時最大規模のものであるとされるリゾート開発を行った。このリゾート地は後にキャプリコン・インターナショナルと呼ばれ、国内外から長期滞在目的の観光客が訪れている。

これに続き、大京やＥＩＥインターナショナルがケアンズやゴールド・コーストの開発に参入した(11)。大京は八七年三月にゴールド・コーストのパーム・メドゥズ・ゴルフ場、九〇年にケアンズのパラダイス・パームズ・ゴルフ場をオープンした。ＥＩＥインターナショナルは八八年末にゴールドコーストのサンクチュアリー・コーブを取得し、さらに八九年に開学したオーストラリア初の私立大学で観光学コースに特色のあるボンド大学の経営に参与した。ただし、外資系企業による観光開発はスムーズに進んだわけではない。八〇年一一月には、ヤプーンのリゾート建設地で爆破事件が起こっている。この事件は、一方では自然保護派と観光開発派との対立と考えられ、他方では外資や移民の流入に反対する保守派と多文化政策推進派との対立とも考えられた。

八〇年代を代表する観光は、前記のような大規模なリゾート開発に伴うものであるといえる。しかし、この時期には観光が盛んになるのと同時に、さまざまな余暇活動のバリエーションがみられるようになった。地方自治体による都市の再開発においても観光への配慮がみられ、ウォーター・フロントの再開発が成功した例として八七年六月に完成したシドニーのダーリング・ハーバーがあげられる。ここには公園の他に博物館や水族館、ショッピングセンター、コンベンションセンターなど、地元住民だけでなく観光客も十分に楽しめる設備が備わっている。(12)

3　観光行政の変遷

観光関連省庁の変遷は、観光形態の変遷をある程度映し出している。先述の観光・レクリエーション省は、一九八三年に余暇関連の業務を総合的に扱うスポーツ・レクリエーション・観光省に再編成された。(13) さらに、八七年には芸術・スポーツ・レクリエーション・環境・観光・領土省に再編成された。これは、当時台頭してきたカルチュラル・ツーリズムやエコツーリズム、アボリジナル・ツーリズムの普及を反映したのではないかと考えられる。(14)

観光産業が重要になるにつれて、それに関連する省庁の業務はさらに強化されてきた。八〇年代の急速な観光開発に伴い、連邦政府は観光政策をより綿密に行うための市場調査が必要になった。そのため、八七年には、連邦政府のシンクタンクである観光調査ビューロー（ＢＴＲ）が設立された。連邦政府の観光業務はレクリエーションやスポーツなどとの合同省庁に所属していたが、観光産業の発達に伴い、キーティング労働党政権下の九一年に観光省が独立した[15]。九六年になると、一三年ぶりに政権を奪還したハワード自由・国民党政権は観光省を他の省庁に吸収合併し、寄り合い所帯である産業・科学・観光省にまとめた[16]。観光政策は同省の一部門である国家観光局が担当していた。しかし、シドニー・オリンピックが近くなってきたこともあり、九八年一〇月に組閣された第二次ハワード内閣ではスポーツ・観光省においてシドニー・オリンピック首相補佐大臣が観光業務を兼任するようになった。

八〇年代にみられるようになった観光形態の多様化は、九〇年代に入るとますます顕在化してきたが、連邦政府の観光行政にとってこれらを把握することは重要であった。このことは同年代に発行された観光関連の調査報告書からも伺える。観光省は九二年六月に報告書「国家観光戦略」を発表した。翌九三年に市販された同報告書のタイトルは『観光―オーストラリア成長へのパスポート』（*Tourism : Australia's Passport to Growth*）であった（4章2参照）。

さらに、同省は九三年に『国家エコツーリズム戦略』（*National Ecotourism Strategy*）の草案を作成し、翌九四年に同タイトルの報告書を市販した。連邦政府は、観光がオーストラリアでもっとも重要な産業の一つであると認識しているのと同時に、自然破壊を伴う大規模リゾート開発に代わる観光を模索している様子がみられる（4章3参照）。

観光省以外の省庁でも、それぞれ違った立場から観光に関する調査報告を行っている。たとえば、総理府の多文化問題担当局（Office of Multicultural Affairs）は英語を母語としない人びとの観光産業での貢献や、英語圏以外の国々へのマーケットの拡大に関する調査を行った報告書『観光産業における生産物の多様化』を九四年六月に出版している[17]。同九四年にオーストラリア遺産委員会は『観光とアボリジニ文化地区の保護』を出版している。これらは多文化政策と観光政策の双方にかかわる分野の観光形態が普及してきたことを物語っている。

さらに九四年には移民および人口調査ビューローが『ケアンズ観光産業における日本人居住者』を出版し、九七年八月には移民に関する合同独立委員会が『ワーキング・ホリデーを行う者：観光客以上の存在』を出版している。これらはオーストラリアに長期滞在する外国人の新たな観光形態が相当広まってきたために行われた研究報告である。

より複雑化した観光形態を調査した報告書もある。たとえば、連邦政府の先住民調査委員会の調査報告書『アボリジニおよびトーレス島嶼人観光における国家戦略』（4章4参照）では先住民の観光における文化面および自然環境面双方の貢献を評価している[18]。つまり、ここからはアボリジニがエコツーリズムとエスニック・ツーリズムという本来異なった形態の観光を連結させる役目を果たしていることが伺える。

4　多文化社会のなかの観光と飲食産業

人種および民族差別的な白豪主義が衰退し、多文化社会が形成されていく第二次大戦後の半世紀をみると、オーストラリアにおける人文的な観光資源が多彩になってきたことが伺える。ただし、エスニック・ツーリズムが大衆的に定着したのは多文化主義が十分に定着し、なおかつ観光が国家的な基幹産業となった八〇年代後半から九〇年代ではなかろうか。多文化社会における観光について述べる際、「エスニック」と「ツーリズム」に対象がかかわってくる。そのため、本書のいくつかの章では、エスニック政策と観光政策の両面から調査し、エスニック・ツーリズムという形での両者の結びつきを考察している。

オーストラリア連邦政府が観光政策に力を入れるようになったのは観光・レクリエーション省設立以降であるが、四半世紀後観光は国の基幹産業になるまで成長した。同国における観光の変遷は観光政策を研究するうえでの一つのモデルケースとなるだろう。ただし、オーストラリア観光の独自性を追求するとき、同国の地理的な特徴を十分考慮に入れる必要がある。つまり、オーストラリア理解のためには「距離の暴虐」と呼ばれる空間的な隔離性を克服するという建国以来の基本的な政治目標を視点に入れなければならない(19)。距離の克服に伴う「脱欧化」あるいは「アジア・太平洋化」はオーストラリア外交の基本政策であるが、その影響はエスニック政策や観光政策などを含めた多くの政策で顕著にみられる。近隣のアジア諸国を意識した多文化政策の実践や、日本をターゲットとした連邦政府主導の観光キャンペーンはその一例といえる(20)（表3-3）。

オーストラリア観光のプラス面を探求すると、エスニック・ツーリズムの利点が少なからずあげられる。たとえば、オーストラリア観光にエスニック・ツーリズムというメニューを書き加えること

表 3-3　オーストラリアにおける入国観光客数上位10ヵ国（1973, 82, 91年）

（単位：人）

順位	1973年		1982年		1991年	
1	ニュージーランド	79,671	ニュージーランド	97,391	日　本	478,200
2	アメリカ合衆国	56,214	アメリカ合衆国	61,588	ニュージーランド	237,900
3	イギリス	41,270	イギリス	43,973	アメリカ合衆国	161,100
4	パプアニューギニア	20,860	日　本	38,489	イギリス	114,900
5	カナダ	11,598	ドイツ	21,171	シンガポール	60,100
6	日　本	7,249	カナダ	16,567	ドイツ	57,100
7	ドイツ	6,242	シンガポール	12,257	香　港	32,600
8	フィジー	4,995	マレーシア	10,155	カナダ	30,000
9	シンガポール	4,889	パプアニューギニア	8,444	台　湾	25,300
10	イタリア	4,604	香　港	8,366	マレーシア	23,700
参考	調査年全観光客数	284,450	調査年全観光客数	386,784	調査年全観光客数	1,435,500

注：1973・82年のイギリスはアイルランドを含む。

出典：Miller, J. G., *Overseas Arrivals and Departures Year 1973,* ABS, Canberra,1974, p. 22.
Cameron, R. J., *Overseas Arrilavals and Departures Australia 1982,* ABS, Canberra, 1983, p. 24.
Castles, Ian, *Overseas Arrivals and Departures Australia 1991,* ABS, Canberra, 1992, p. 18

は、同国の基幹産業である観光の選択肢を増やし、幅広い客層をターゲットにする可能性が高まる。つまり、選択肢の増加ということは、一時的なブームによって観光客数が変動する同国のインバウンド観光のリスクを分散することになり、より安定した外貨収入を期待できる。さらに、オーストラリアのインバウンド観光はリピーターが少ないという弱点があるが、観光メニューの追加はこの弱点の克服につながりうる。

人的資源を活用するエスニック・ツーリズムでは、観光の持続可能性が期待され、結果として長期的な観光の発展をもたらす可能性がある。かつての大規模リゾートは一時的には観光客の誘致に有効であったが、開発に伴う環境破壊はオーストラリア観光の目玉である自然を台無しにするという欠点があった。しかも、同国の地理的な隔離性と高い交通費を考えると、他国と同様の開発をしていたのでは観光地としての魅力に欠けるため、誘客競争を進めるうえで不利である。他方、先住民のアボリジニはオーストラリア独自の存在であり、諸民族が平和に共生している多文化社会は世界的に貴重な存在である。そのため、自然環境を破壊せず、オーストラリアの独自性を生かせるエスニック・ツーリズムは隙間市場をねらった賢い選択の一つといえる。

さらに、エスニック・ツーリズムに関して、エスニック文化の平和的共有という点を強調したい。旧ユーゴスラビアや旧ザイール、アフガニスタンなどでみられるように、いくつかの多民族社会では民族間の諸問題が絶えない。そこで、多民族国家での民族対立を予防するためにオーストラリアが選択したのが多文化主義であり、それを具体化した多文化政策であった。ただし、多文化主義は多様な諸民族の文化を尊重するものであり、多文化社会の形成には社会を構成する諸民族の相互理解が必須の条件である。

異文化間の相互理解のためには、異文化交流が初歩的な段階として重要である。エスニック・ツーリズムは異文化間の接触を活発にするものであり、接触がプラスに働けば民族間の友好的な交流を盛んにすると期待される。結果として、エスニック・ツーリズムの活性化は異文化理解およびエスニック間の緊張緩和に貢献し、長期的には多文化社会の安定化につながると思われる。

注

（1）Hall, C. M., *Introduction to Tourism in Australia* (2nd edition), Longman Australia, 1995, p. 39.

シドニー～メルボルン間の鉄道は一八三三年六月に接続され、八九年にはブリスベンからアデレードまでの大都市が鉄道で結ばれた。しかし、植民地間の線路の幅が異なっていたため、境界で列車を乗り換える必要があった。

(2) National Centre for Australian Studies ed., *The Lie of the Land*, Monash University, Vic., 1992, p. 41.

(3) *Ibid.*, p. 42. シドニー～パース間の大陸横断鉄道自体は一九一七年に結ばれたが、異なった幅の軌道が統一されたのは一九六九年である。

(4) Walmsley, D. J. and Sorensen, A. D., *Contemporary Australia*, Longman Cheshire, Melbourne, 1988, p. 119.

(5) 朝水宗彦「オーストラリアにおけるサステーナブル・ツーリズム」『日本観光学会誌』第三二号 一九九八年 五一ページ

(6) Purdie, Helen and O'Connor, Donna-Maree, *Tourism the Total Picture*, The Jacaranda Press, Brisbane, 1990, pp. 5-6.

(7) Hall, *op. cit.*, p. 99.

(8) Joint Standing Committee on Migration ed., *Working Holiday Makers : More Than Tourists*, Australian Government Publishing Service, Canberra, 1997, p. 8.

(9) Haris, Rob, *Dictionary of Travel, Tourism and Hospitality Terms*, Hospitality Press, Melbourne, 1996, pp. 19-25.

(10) ATCのホームページ『お問い合わせのある質問とその答え』(http://www.australia.or.jp/cgi-bin/qweb/nph-quwb.pl/11sponsors/faq.htm) によると、一九九八年現在では以下のようなカジノが運営されている。

シドニー・ハーバー・カジノ（シドニー）、カジノ・キャンベラ（キャンベラ）、コンラッド・ジュピターズ（ゴールド・コースト）、コンラッド・トレジャリー・カジノ（ブリスベン）、リーフ・ホテル・カジノ（ケアンズ）、シェトラン・ブレイクウォーター・カジノ・ホテル（タウンズビル）、ラセターズ・ホテル・カジノ（アリススプリングス）、MGMグランド・ダーウィン（ダーウィン）、バーズウッド・リゾート・ホテル・カジノ（パース）、アデレード・カジノ（アデレード）、レストポイント・カジノ（ホバート）、カントリー・クラブ・カジノ（ロンセストン）、クラウン・カジノ（メルボルン）、クリスマス・アイランド・カジノ・リゾート（クリスマス島）

（11）徳久球雄編『環太平洋地域における国際観光』嵯峨野書院　一九九五年　一六一ページ

（12）Purdie, *op. cit.*, p. 117.

（13）Hall, C. M. et al., *Tourism Planning and Policy in Australia and New Zealand*, Irwin Publishers, Sydney, 1997, p. 40.

（14）詳しくは以下の文献を参照されたい。DASET, *Study of Cultural Tourism in Australia*, Australian Government Publishing Service, Canberra, 1992.

（15）Hall, *op. cit.*, 1995, p. 99.

（16）*Ibid.*, p. 40.

（17）Office of Multicultural Affairs ed., *Productive Diversity in The Tourism Industry*, Australian Government Publishing Service, Canberra, 1995, pp. 17-24.

（18）National Centre for Studies in Travel and Tourism ed., *National Aboriginal and Torres Strait Islander Tourism Strategy*, Aboriginal and Torres Strait Islander Commission, 1994, pp. 470-473.

（19）「距離の暴虐」という表現は、オーストラリアを代表するメルボルン大学の歴史学者ブレイニー（Geoffrey Blainey）によって広められた。詳しくは以下の文献を参照のされたい。ブレイニー、ジェフリー／長坂寿久・小林宏訳『距離の暴虐』サイマル出版会　一九八〇年、原題：*The Tyrany of Distance.*

（20）代表的なものとして、セレブレート・オーストラリア（Celebrate Australia）による広報キャンペーンがあげられる。このキャンペーンは、一九九三年一一月に東京のみならず、大阪や仙台など日本各地で催された。実施の中心となった政府機関は、一九九〇年に連邦政府によって設立された対外プロモーション機関AAC（The Australia Abroad Council）と在日オーストラリア大使館であった。日本におけるオーストラリア政府の観光広報活動については以下の文献を参照のこと。
徳久球雄編『環太平洋地域における国際観光』嵯峨野書院　一九九五年

4 観光政策

一九九〇年代のオーストラリアにとって観光はまさに基幹産業である。資源大国であるオーストラリアは、外貨収入の少なからぬ部分を鉱産物の輸出が占めていたため、七三年のオイルショック後は先進諸国の省資源化や世界的な鉱産物価格の低迷の影響を受けた。鉱産物に代わりうる外貨収入源の確保や国内産業の活性化のため、七〇年代以降は第三次産業へのシフトが加速化し、観光産業などの余暇産業が脚光を浴びた。

オーストラリアにおける観光収入は八〇年代中頃から鉄鉱石の輸出に肩を並べ、九〇年代に入ると観光が最大の外貨収入源になった。一九九二／九三会計年度では、海外からオーストラリアへの訪問者は三〇〇万人弱であり、この国の外貨収入の一〇％を占める八四億ドルを落としていった(1)。九二年には四六万五〇〇〇人が観光産業に携わっていたとされる(2)。さらに九六年における観光調査ビューローの統計によると、短期訪問者は同国最大の都市シドニーの人口を上回り、四〇〇万人を超えるようになった。

1　キーティング以前の観光政策

第二次大戦後のオーストラリアでは、豊かな生活環境を支える経済成長が続いた。一大レジャー・ブームが起こり、一九六〇年代には余暇に関連する産業が発展した。そのため、六六年一二月に貿易産業省のもとに観光業務相がおかれ、連邦政府が観光政策に力点をおくようになった。

さらに、ウィットラム労働党政権は七二年一二月にレジャー産業関連の業務を専門に担当する観光・レクリエーション省を設立した(3)。ウィットラム政権は連邦総督による首相罷免によって七五年一一月に倒れ、フレイザー保守政権は、七五年一二月に観光・レクリエーション省を廃止した。ただし、観光政策自体は産業通商省の観光産業部が引き継ぐことになった(4)。

ホーク労働党政権は、フレイザー政権で廃止された観光関連の独立した省庁を復活させ、八三年に余暇関連の業務を総合的に扱うスポーツ・レクリエーション・観光省を編成した(5)。さらに、同省は八七年七月に芸術・スポーツ・環境・観光・領土省に再編成された。これに加え、八九年五月には芸術・観光・領土省が設置された。ホーク政権下における連邦政府の観光業務はレクリエーションやスポーツなどとの合同省庁に所属していたが、観光産業のさらなる発達に伴い、キーティング労働党政権下の九一年に観光政策を専門に行う観光省が設立された(6)。

表4-1はオーストラリアを訪問した短期滞在者を示したものである。全訪問者に加え、八七年の時点における上位四ヵ国をあげた。主要国の訪問者数をみると、八〇年代後半の時点ではニュージーランドが首位を占めていたのに対し、九〇年代になると急成長した日本が恒常的に首位を保つように

表 4-1 訪問者数の変遷（1987～96年）（単位：人）

国名／年	1987	1988	1989	1990	1991
日　本	215, 600	352, 300	349, 500	479, 900	528, 500
ニュージーランド	427, 300	534, 300	449, 300	418, 400	480, 600
イギリス	208, 700	273, 400	285, 100	288, 300	273, 400
アメリカ合衆国	309, 000	322, 300	260, 700	250, 700	271, 800
訪 問 者 全 体	1, 784, 900	2, 249, 300	2, 080, 300	2, 214, 900	2, 370, 400

国名／年	1992	1993	1994	1995	1996
日　本	629, 900	670, 800	721, 100	782, 700	813, 100
ニュージーランド	447, 500	499, 300	480, 400	538, 400	671, 900
イギリス	289, 900	310, 300	335, 300	347, 900	367, 500
アメリカ合衆国	262, 900	281, 300	289, 700	304, 900	316, 900
訪 問 者 全 体	2, 603, 300	2, 996, 200	3, 361, 700	3, 725, 800	4, 164, 800

注：イギリスは1991年までアイルランドを含む。
出典：BTR, *International Visitor Survey 1992,* Australian Government Publishing Service, Canberra, 1993, p. 16.
BTR, *International Visitor Survey 1996,* Australian Government Publishing Service, Canberra, 1997, p. 21.

表 4-2 1996年における訪問者数上位10ヵ国

	訪問者数（1000人）	観光客数（1000人）	観光客の割合（%）
日　本	813. 1	726. 9	89
ニュージーランド	671. 9	302. 2	45
イギリス	367. 5	146. 3	40
アメリカ合衆国	316. 9	142. 0	45
韓　国	227. 9	176. 7	78
シンガポール	222. 8	160. 6	72
台　湾	159. 4	123. 9	78
インドネシア	154. 5	98. 2	64
香　港	153. 2	86. 2	56
マレーシア	134. 4	86. 5	64
主要国小計	3, 221. 6	2, 049. 5	63
その他	937. 0	468. 9	50
合　計	4, 164. 8	2, 518. 4	60

出典：BTR, *International Visitor Survey 1996*, Australian Government Publishing Service, Canberra, 1997, p. 24.

なった。このように、八〇・九〇年代における観光客の急増は、日本が強力な牽引力となっていた。

2 成長へのパスポート

一九八〇年代には観光客の増加に加え、さまざまな観光形態がみられるようになった。観光形態の多様化は、九〇年代に入るとますます顕在化してきたが、連邦政府の観光行政にとってこれらを把握することは重要であった。観光産業の重要性は同年代に発行された数々の調査報告書からも伺える。観光省は九二年六月に報告書『国家観光戦略』を発表した。翌九三年に市販された同報告書のタイトルは『観光 オーストラリア成長へのパスポート』であった。同報告書の目的は以下のようなものであった。

① 観光産業の将来的な開発のため、連邦政府の明確な声明をもたらす。
② 九〇年代における政府の観光政策や観光産業計画の形成のため、基本的な情報を供給する。
③ 観光産業の経済的、環境的および文化的な特性をコミュニティに認識させることを促進する。

(Department of Tourism, *Tourism Australia's Passport to Growth*, Australian Government Publishing Service, Canberra, 1993, p. 1)

このように、連邦政府は経済のみならず、環境や文化も視野に入れた総合的な観光政策のビジョンをもっていた。さらに、基幹産業にまで成長した観光産業はオーストラリア経済を左右する存在になったため、場当たり的ではない長期的な視野に立った政策決定が必要になった。そのため、九三年に連邦政府によって観光予報カウンシルが設立された。(7)

九〇年代の観光政策にとって、アジア市場の開発は重要であった。表4-2は九六年における訪問者数の上位一〇ヵ国をあげたものである。ここには、訪問者数首位の日本に加え、韓国やシンガポール、台湾など、七つのアジア諸国や地域が含まれている。これらの国々はニュージーランドやイギリスと比べると、訪問者における観光客の割合が極めて高いことが特徴である。

観光省以外の省庁でも、それぞれ違った立場から観光に関する調査報告を行っている。たとえば、総理府の多文化問題担当局は英語を母語としない人びとの観光産業での貢献や、英語圏以外の国々へのマーケットの拡大に関する調査を行った報告書『観光産業における生産物の多様化』を九四年六月に出版している(8)。

さらに九四年には移民および人口調査ビューローが『ケアンズ観光産業における日本人居住者』を出版し、北クィーンズランド観光における日本からの観光客や労働者の重要性を評価している(9)。九七年八月には移民に関する合同独立委員会が『ワーキング・ホリデーを行う者：観光客以上の存在』を出版しており、長期間オーストラリアに留まり、ある程度の労働をしながら観光を続ける人びとについて調査を行っている(10)。これらはオーストラリアに長期滞在する外国人の新たな観光形態が相当広まってきたために行われた研究報告である。

3　環境に優しい観光開発

地球サミット以降、サステイナブル・ディベロップメントという語句が世界的に使われるようになった。ただし、持続可能な開発という試み自体はとくに新しいわけではなく、一九八二年には国連総会決議をもとに、環境と開発に関する世界委員会、つまりブルントラント委員会が結成されていた。さらに、八九年にフランスで開催されたアルシュ・サミットでもまた、環境と開発の関係は主要議題になっていた(11)。

オーストラリアの観光形態は時代によって大きく変化してきた。一九五〇・六〇年代には大都市近郊の地域を除くと比較的小規模の宿泊施設に滞在しながらくつろぐのが典型的な旅先での過ごし方であったが、七〇・八〇代には外資系企業や企業家移民の参入により、地方でも大規模なリゾート開発が行われるようになった。そのため、リゾートや観光地開発の大規模化に伴い、自然環境の破壊が問題になってきた。自然破壊は、雄大で美しい自然を重要な観光資源にしてきたオーストラリアの魅力を損なうことであり、長期的な観光政策の視野に立つとゆゆしき問題であった。

ここで、環境の保全と観光開発を両立させるという一つのジレンマが生じた。オーストラリアでは環境問題に配慮しているとはいえ、観光を国の基幹産業として成り立たせるためにはそれ相応の利益を追求しなければならない。このジレンマの解決のため、自然環境の保全と長期的な開発を同時に期待できるサステイナブル・ツーリズムが注目されるようになった(12)。

九〇年代になると、オーストラリアでは自然保護を考慮に入れた保全型の観光開発が主流になりつつある。観光省は九三年に『国家エコツーリズム戦略』を作成し、翌九四年に同タイトルの報告書を市販した。連邦政府は、観光がオーストラリアでもっとも重要な産業の一つであると認識しているのと同時に、自然破壊を伴う大規模リゾート開発に代わる観光を模索している様子がみられる。同戦略の目的はつぎのようなものであった。

① オーストラリアにおけるエコツーリズムの計画，開発および経営といった主要な諸問題で効果のあるもの、または効果があると思われるものを明らかにする。

② ビジョンの達成に向かって、エコツーリズム・オペレーター、天然資源マネジャー、計画者、開発者および政府のあらゆる段階を導くためにフレームワークを開発する。

③ ビジョンを達成するための営利団体を助成するための政策やプログラムを作成する。

（Department of Tourism, *National Ecotourism Strategy*, Australian Government Publishing Service, Canberra, 1994, p. 1）

オーストラリアでは、エアーズロックなどの風光明媚な自然の風景やアボリジニの慣習などの独特で興味深い文化が重要な観光資源とされてきた。これらのように長期間繰り返してみられる観光資源だけでなく、シドニー・オリンピックのように短期的なイベントも貴重な観光資源である。そして、イベントにもサステイナブル・ツーリズムの考え方が生かされている。シドニー・オリンピックは別名「緑のオリンピック」と呼ばれるほど環境面に考慮していることで知られている。[13] 太陽熱を利用した発電や水のリサイクル、再生紙の使用などはエコツーリズム的な特徴である。シドニーでのオリンピック開催は誘致の計画段階から徹底した環境管理を行っていたため、環境保護団体のグリンピースから賞賛された。[14] さらに、シドニー・オリンピックでは共生という理念が掲げられているが、これは自然とともに生きるというのと同時に、さまざまな個性をもっているすべての人びとがともに生きる社会を象徴している。つまり、多様性のなかの調和を目指すこれらの考え方は、オーストラリアの多文化社会を形成した際の基本的な理念と共通している[15]。

非営利団体の全国的な組織では九一年にオーストラリア・エコツーリズム協会が設立され、チャールズ・スチュアート大学などと共同でエコツーリズムの効果的な運用を研究している[16]。このような環境重視の動きはいくつかのイベントのなかにもみられる。八七年から開催されているソーラーカー・レースはオーストラリアのみならず、GMや本田技研などの大企業が参加し、最先端の技術を競い合う国際的な一大イベントにまで成長してきた。

4　自然と文化の架け橋

自然のなかで独特の生活習慣を保ってきた先住民アボリジニの存在は、オーストラリア観光の独自性を引き立たせている。オーストラリア観光で重要な役割を演じる先住民の活躍を把握するため、連邦政府はアボリジナル・ツーリズムに関連するいくつかの調査を行っている。オーストラリア遺産委員会は九四年に『観光とアボリジニ文化地区の保護』を出版している[17]。この報告書は多文化政策と観光政策の双方にかかわる分野の観光形態が普及してきたことを物語っている。

より複雑化した観光形態を調査した報告書もある。たとえば、連邦政府の先住民調査委員会による調査報告書『アボリジニおよびトーレス島嶼人観光における国家戦略』は、先住民の雇用機会や経済的な貢献を以下のように調査目的としていた。

①　主流観光政策　主流観光産業における先住民のため、より大きな雇用機会を創出することを支援する国家戦略のための情報を提供する。

②　先住民観光政策　観光企業を所有する新規および既存の先住民を成長促進させる国家戦略のため、情報を提供する。

（National Centre for Studies in Travel and Strategy, *National Aboriginal and Torres Strait Islander Tourism Strategy*, Aboriginal and Torres Strait Islander Commission, Canberra, 1994, p. 20）

アボリジナル・ツーリズムの経済的な面に加え、同報告書では文化面や環境面なども考慮していた。

①　文化の共有を通じて、（先住民に対する）尊重を向上させることに伴う利益を加え、文化のプロフィールを高めるための意義を創造する。

②　伝統的な技術や価値といった知識をもつコミュニティの再活性を可能にする。

③　他の文化とより多くの交流を可能にする。

④　自己尊重の本質的な開発のための環境整備をする。

⑤　健全な環境経営の技術などを供給可能にする。

⑥　自然を保全し、環境を健全化することにより収入を創出する。

（*Ibid.*, p. 35）

表4-3　オーストラリアにおける観光形態の変遷

1990年代半ばから	複合型サステイナブル・ツーリズム		
1980年代半ばから	エスニック・ツーリズム		エコツーリズム
1970年代半ばから	多文化主義	観光開発	自然保護運動

注：州によって多少のタイムラグがある。
いくつかの観光形態が併存している場合がある。
狭義のエスニック・ツーリズムには自然保護的な要素を含まない。
出典：朝水宗彦「オーストラリアにおけるサステーナブル・ツーリズム」『日本観光学会誌』第32号　1998年　47～52ページを要約。

この報告書にみられるように、連邦政府は先住民の観光における文化面および自然環境面双方の貢献を期待している。(18) ここからはアボリジニがエコツーリズムとエスニック・ツーリズムという本来異なった形態の観光を連結させる役目を果たしていることが伺える。表4－3はオーストラリアにおける観光形態の変遷を概略的にまとめたものである。七〇年代半ばの時点では、多文化主義と観光開発、自然保護運動の三者はべつべつのもので、時には対立することもあった。八〇年代半ばになると多文化主義と観光が結びつき、エスニック・ツーリズムが形成されていった。同時に観光と自然保護運動が結びつくことによってエコツーリズムが普及していった。さらに、九〇年代半ばになると、エスニック・ツーリズムとエコツーリズムが融合することにより、文化面や環境面などの多面性をもった複合型のサステイナブル・ツーリズムが形成されつつある。このプロセスでは先住民の少なからぬ役割が考えられる。

5　キーティング後の観光政策

一九九六年になると、労働党から政権を奪還したハワード保守政権（同年三月～）は観光省を他の省庁に吸収合併し、寄り合い所帯である産業・科学・観光省にまとめた。(19) 観光政策は同省の一部門である国家観光局が担当している。一九九六／九七年度版の報告書によると、同局の主要な活動目的はつぎのようなものであった。

経済的に育ちうる、環境的に持続可能な、そして社会的に責任ある産業の開発を支援することによって、オーストラリアの観光産業における国際的な競争を改善する（Department of Industry, Science and Tourism, *Annual Report 1996-97*, DIST, Canberra, 1997, p. 43）。

国家観光局はさらに三つの部門に分かれている。つまり、観光交通およびビジネス開発課、国際観光および産業開発課、地域および環境観光課がおかれた[20]。

ハワード政権の観光行政はフレイザー政権のものと共通する点がみられる。フレイザー政権下では観光関連の独立した省庁が廃止され、産業通商省の一部門に統合された。ハワード政権でもまた、観光は産業部門の省に統合されている。つまり、労働党政権では雇用対策や福利厚生、余暇活動などの一環として観光を総合的にとらえてきたのに対し、保守政権では産業面が強調され、サービス産業の一種として扱われているようである。

しかし、地域および環境観光課にみられるように、ハワード政権で環境面に十分配慮されているところは以前の保守政権と異なっている。なお、ウィットラム政権の時代では、先住民に対する雇用促進策が試みられていたが、観光行政における環境政策は十分に発達していなかった。ホーク政権後期から継続してみられる環境重視の観光政策は、九〇年代におけるオーストラリア観光政策の大きな特徴である。

表 4-4　観光政策略史

年　号	事　　柄
1929年	オーストラリア全国旅行協会（Australian National Travel Association : ANTA）結成
1959年	観光閣僚カウンシル（Tourism Ministers' Council : TMC）設立
1966年12月	貿易産業省付属の閣外人事として観光業務相（Minister in charge of Tourist）設置
1967年 7 月	オーストラリア観光局（Australian Tourist Commission : ATC）設立
1968年 3 月	ニュー・サウス・ウェールズ州に観光大臣（Minister for Tourism）設置
1970年 2 月	ビクトリア州に観光大臣（Minister for Tourism）設置
1972年	オーストラリア・インバウンド観光機構（Inbound Tourism Organization Australia : ITOA）設立
1972年12月	観光・レクリエーション省（Department of Tourism and Recreation）設立
1975年	ワーキング・ホリデー制度イギリスと締結
1976年12月	オーストラリア選抜観光コミッティ（Australian Select Committee on Tourism : ASCOT）設立
1976年12月	観光調査コミッティ（Tourism Research Committee）設立
1979年	クィーンズランド州観光局（Queensland Tourism and Travel Corporation）設立
1980年	ワーキング・ホリデー制度日本と締結
1983年	スポーツ・レクリエーション・観光省（Department of Sport, Recreation and Tourism）設立
1984年	ニュー・サウス・ウェールズ州観光局（Tourism New South Wales）設立
1984年	西オーストラリア州観光局（Western Australian Tourism Commission）設立
1985年	南オーストラリア州観光局（Tourism South Australia）設立
1987年 7 月	芸術・スポーツ・環境・観光・領土省（Department of the Arts, Sport, the Environment, Tourism and Territories）設立
1987年	観光調査ビューロー（Bureau of Tourism Research : BTR）設立
1989年 5 月	芸術・観光・領土省（Department of the Arts, Tourism and Territories）設立
1991年12月	観光省（Department of Tourism）設立
1991年12月	芸術・スポーツ・環境・領土省（Department of the Arts, Sport, the Environment and Territories）設立
1992年	ビクトリア州観光局（Tourism Victoria）設立（Victoria Tourism Commission の再編）
1993年	観光予報カウンシル（Tourism Forecasting Council）設立
1996年 3 月	産業・科学・観光省（Department of Industry, Science and Tourism）設立

出典：Harris, Rob and Howard, Joy, *Dictionary of Travel, Tourism & Hospitality Terms*, Hospitality Press, Melbourne, 1996, pp. 3-25, Macintyre, Clement, *Political Australia*, Oxford University Press, Melbourne, 1990, pp. 125-156 および観光関連省庁の *Annual Report* などから筆者が抽出。

以上、オーストラリア観光の概要を九〇年代を中心に述べた。表4－4は同国における観光政策の変遷をまとめたものである。観光の初期の段階では交通機関の発達が重要であった。観光の大衆化には生活水準の向上とそれに伴う余暇活動の活性化が重要であった。八〇年代になると、観光客誘致のために州政府の広報活動が活発になった。観光が国家の主幹産業となった九〇年代からは、将来的な展望を把握するために行政面からの積極的な調査が不可欠になった。

キーティング政権はホーク政権からの環境や先住民重視の観光政策を引き継ぎ、発展させた。つまり、経済面だけでなく、自然保護や福利厚生、先住民文化の尊重などを包括した総合的な観光政策を実施した。九六年になると、ハワード政権は観光省を他の省庁に吸収合併し、寄り合い所帯である産業・科学・観光省にまとめ、同省の一部門である国家観光局に観光行政機関を縮小した。ただし、環境に優しい開発はホーク以降の労働党政権と同様に、ハワード政権の観光政策の大きな課題となっている。

注

（1）朝水宗彦「オセアニア地域における観光教育機関」『オセアニア教育研究』第三号　一九九六年　二五ページ

（2）Department of Foreign Affairs and Trade, Overseas Information Branch ed., *Australia : An Introduction*, Australian Government Pubishing Service, Canberra, 1993, p. 6.

（3）Hall, C. M., *Introduction to Tourism in Australia* (2nd Edition), Longman, Melbourne, 1995, p.

99.

（4） The Parliament of the Commonwealth of Australia, *House of Representatives Select Committee on Tourism Final Report* (*Parliamentary Paper No. 281/1978*), Australian Government Pubishing Service, Canberra, 1978, pp. 53-55.

（5） Hall, C. M., et al., *Tourism Planning and Policy and Australia and New Zealand*, Irwin Publishers, Sydney, 1997, p. 40. ただし、年号は以下の文献を参照した。Macintyre, Clement, *Political Australia*, Oxford University Press, Melbourne, 1991.

（6） Hall (1995) p. 99.

（7） Harris, Rob and Howard, Joy, *Dictionary of Travel, Tourism and Hospitality Terms*, Hospitality Press, Melbourne, 1996, p. 21.

（8） Office of Multicultural Affairs ed., *Productive Diversity in the Tourism Industry*, Australian Government Publishing Service, Canberra, 1995, pp. 17-24.

（9） Bureau of Immigration and Population Research, *Japanese Temporary Residents in the Cairns Tourism Industry*, Australian Government Pubishing Service, Canberra, 1994 を参照されたい。

（10） Joint Stading Committee on Migration, *Working Holidy Makers : More than Tourists*, Australian Government Publishing Service, Canberra, 1997 を参照されたい。

（11） 林智他『サステイナブル・ディベロップメント』法律文化社　一九九一年　一二三〜一二五ページ。ブルントラント委員会については以下の記事が詳しい。Robin, S., "What is to be done ?," *New Statesman & Society*, 3, May 25, 1990, p. 38.

（12） 朝水宗彦「オーストラリアにおけるサステーナブル・ツーリズム」『日本観光学会誌』第三二号

一九九八年　四七～五二ページ

（13）Sydney Organising Committee for the Olympic Games ed., *Fact Sheets*, SOCOG, 1996

（14）シドニーが開催地として選ばれる過程で、北京との熾烈な競争があった。全部で四回投票があったが、最終投票以外シドニーは次点に終わっている。最終投票で得票を伸ばしたのは、環境保護団体による支援の影響が大きかったといわれる。以上、McGeoch, R., *The BID : Australia's Greatest Marketing Corp*, Reed Books Australia, Melbourne, 1995, p. 303.

（15）*Ibid.*, p. 66. シドニー・オリンピックの本来のテーマは諸民族の精神を分かち合うこと（share the spirit）であった。

（16）Harris, Rob et al., *Sustainable Tourism*, Butterworth-Heinemann, Chatswood, NSW, 1995, pp. 63-67. ただし、年号はつぎの文献を参照した。Harris and Howard（1996）p. 15.

（17）Australian Heritage Commission, *Tourism and the Protection of Aboriginal Cultural Sites*, Australian Government Pubishing Service, Canberra, 1994を参照されたい。

（18）National Centre for Studies in Travel and Tourism ed., *National Aboriginal and Torres Strait Islander Tourism Strategy*, Aboriginal and Torres Strait Islander Commission, Canberra, 1994, pp. 470-473.

（19）Hall（1997）p. 40.

（20）Department of Industry, Science and Tourism, *Annual Report 1996-97*, DIST, Canberra, 1997, p. 43.

5　サステイナブル・ツーリズム

一九九二年六月に一八二の国と地域の代表が集まり、ブラジルのリオ・デ・ジャネイロにおいて歴史的な国際会議が行われた。環境と開発をテーマにしたこの会議は地球サミットと呼ばれ、地球に優しい持続可能な開発、つまりサステイナブル・ディベロップメントを盛り込んだ宣言、アジェンダ21が発表された(1)。地球サミット以降、観光産業でも持続可能型の観光、つまりサステイナブル・ツーリズムが注目を浴びている(2)。

サステイナブル・ツーリズムに力を入れている国にはコスタリカやカナダなどがあげられる(3)。それぞれの国や地域でサステイナブル・ツーリズムは独自の発展を遂げているが、ここではその一つとしてオーストラリアの観光形態の変遷を中心に、特色や重要性について述べる。

1　サステイナビリティー

本章では、サステイナブル（ある過程が長期的に保たれうる性質をもつ）という語句をしばしば用いるため、先行研究による定義や用語の解釈を参考にしたい。まず、シドニー工科大学のハリスによると、サステイナブル・ツーリズムの例として短期周遊型のエコツーリズムに加え、エコリゾートにおける長期的な滞在をあげている。[4] つぎに、元キャンベラ大学のホールによると、自然環境の保護に関連するイベントなどもまたサステイナブル・ツーリズムの重要な要因に位置づけている。[5] つまり、シドニー・オリンピックのように短期的なイベントもまた重要な観光資源であり、なおかつ環境重視の考え方が生かされている。

さらに、同じ用語であっても、立場が違えばその解釈が異なる場合がある。サステイナブル・ツーリズムの代表例であるエコツーリズムであるが、国際観光振興会（ＪＮＴＯ）によると、この定義には大きく分けて二つの流れがみられるとされる。一つは自然環境サイドからのものであり、「保護地域のための資金を作り出し、地域社会の雇用を創造し、環境教育を提供することにより自然保護に貢献する自然志向型の観光」であるとしている。もう一つは観光事業サイドからのものであり、エコツーリズムは「環境との調和を重視した旅行、すなわち野生の自然そのものや環境を破壊せずに自然や文化を楽しむことを目的としている」[6] とされる。

なお、ここでは、これらの解釈を包括した広義の解釈を用いる。つまり、サステイナブル・ディベロップメントに基づく観光に加え、リゾートライフやイベントなど観光に隣接した余暇活動についても研究対象とする。

2　多彩な生態系

他の大陸と隔離されたため動植物が独自の進化を遂げたオーストラリアにおける独特な生態系は観

光客にとって魅力的である。有袋類の固有種の観察のみならず、一九八〇年代からは海洋生物の観察もまたオーストラリア観光で人気がある。[7] 九〇年代中葉になると、この国ではホエール・ウォッチングやドルフィン・ウォッチングなどに毎年六〇万人の観光客が参加しているとされ、さらに増加傾向である。[8]

野生の動植物の生態を観察する地域のいくつかは、一大観光地に発展している。たとえば、西オーストラリア州のシャーク・ベイに位置するモンキー・マイアーはドルフィン・ウォッチングでよく知られている。モンキー・マイアーでは一九六四年にチャーリーと呼ばれた野生のイルカの餌付けが成功して以来、他の野生イルカでも餌付けの成功が続いている。西海岸最大の都市パースから一〇〇〇キロメートル近く離れているのにもかかわらず、九〇年代になると、ここには年間一〇万人以上の観光客が訪れているとされる。[9] クィーンズランド州のハービィ・ベイには外洋からザトウクジラの育児のために訪れる。ホエール・ウォッチングの観光スポットになっている。

これら遠隔地での自然体験のみならず、メルボルン近郊のフィリップ島における野生のペンギンも観光客に人気がある。九五年には、ペンギンのパレードを見学するために、約五〇万人の観光客がフィリップ島を訪れたとされる。[10]

さらに、八〇年代後半からは滞在型のエコリゾートの開発が行われている。たとえば、クィーンズランド州のフレーザー島にあるキングフィッシャー・ベイ・リゾートは八六年から開発され、九二年に運営が始まった。フレーザー島は島の多くの部分が国立公園であり、後にユネスコの世界遺産に選ばれたことから、キングフィッシャー・ベイ・リゾートの開発は他に類をみないほど環境保全に留意している。[11] このリゾートでの建築は、紙や木材など自然環境で分解される建築素材が用いられ、周囲の森林よりも低くするために建物は二階建て以下に規制されており、外壁は周囲の原野と類似した色彩に限定されている。[12] この自然に優しい建築は高く評価され、九四年にはオーストラリア建築賞を受賞している。

これらの一大観光地に加え、自然体験のための新たな観光スポットも発掘されつつある。新しい観光地には、より珍しい動植物が見学できること、より密着して自然を体験できることといった傾向がみられる。新名所として、西オーストラリア州のニンガルー海洋公園があげられるが、ここはパースから北へ一二〇〇キロメートル以上も離れているのにかかわらず、ジンベイザメをみるために訪れるスキューバ・ダイバーが増加しつつある。[13]

3　オーストラリアにおける観光産業の発展

オーストラリアでは、第二次大戦以降鉱工業が急速に成長し、豊かな生活を享受するようになった。そのため、経済的な豊かさと労働時間の短縮を背景に、レジャーブームが起こった。[14] さらに、航空機や自動車の普及などの交通機関の発達とインフラストラクチャーの整備は行楽地への移動を容易にし、観光産業の発展に貢献した。加えて、一九五六年一一月に開催されたメルボルン・オリンピックは海外からの観光客誘致の呼び水となった。この国の観光産業の発展に伴い、それに関連する省庁が徐々に整備されていった。六七年には連邦政府の広報機関であるオーストラリア観光局（ATC）が設立された。さらに、七二年にはレジャー産業関連の業務を専門に担当する観光およびレクリエーション省が設立された(15)。

第二次大戦後のオーストラリア経済は鉱産物輸出に依存していたが、オイルショック以降の世界的な省資源化はサービス産業へのシフトを加速化させた。オイルショック以降の観光開発では外資系企業の役割が大きく、なかでもクィーンズランド州における日系企業の参入が代表的である。クィーンズランド州では、七〇年代末からブジョルキ（ビョーク）・ピーターセン地方・自由党政権のもとで、大規模なリゾート開発が行われた。初めに、岩崎産業が七八年にロックハンプトン近郊のヤプーンで、山手線の内側の面積に匹敵する当時最大規模のものであるとされるリゾート開発を行った。このリゾート地は後にキャプリコン・インターナショナルと呼ばれ、国内外から長期滞在目的の観光客が訪れている。これに続き、大京やEIEインターナショナルがケアンズやゴールド・コーストの開発に参入した(16)。

観光産業が重要になるにつれて、それに関連する省庁はさらに強化されつつある。八〇年代の急速な観光開発に伴い、連邦政府の観光政策をより綿密に行うための市場調査が必要になった。そのため、八七年には、連邦政府のシンクタンクである観光調査ビューロー（BTR）が設立された。連邦政府の観光業務はレクリエーションやスポーツなどとの合同省庁に所属していたが、観光産業の発達に伴い、九一年に観光省が独立した(17)。

4　自然保護運動の高揚とエコツーリズム

ヤプーン爆破事件にみられるように、八〇年代初頭の時点では、オーストラリアの自然保護運動は観光開発と対立していた。そして、デモンストレーションやマス・メディアを用いた広報など、開発業者に対するさまざまな抗議運動によって環境保護団体の活動は顕在化していった。第二次大戦後の工業化や鉱山開発のみならず、リゾート開発によってもオーストラリアの自然は破壊されていった。この国の自然は雄大で力強いというイメージをもたれがちであるが、その生態系はガラス細工のように非常にもろいものである。これは、オーストラリアが島大陸で、他の大陸と隔離されているためであり、そのなかの生態系はしばしば無菌の実験室にたとえられる。つまり、外来種の侵入や環境の変化に対して在来種の抵抗力が極めて弱いのである。

このような自然環境を守るために、比較的早い時期から環境保護団体が活動を始めた。たとえば、メルボルンに本部をもつオーストラリア保全基金は六六年に創設されており、九五年現在ではオーストラリア全土に二五の支部がある。この組織の運営はそのほとんどが会費と寄付によって賄われている。七九年には北部準州のダーウィン郊外にカカドゥ国立公園が設置されたが、国立公園の制定やその運営において、これら環境保護団体の支援を見落とせない。

本来、このような環境保護団体は自然環境を破壊する観光開発に対して友好的とはいえなかった。しかし、八〇年代半ばになると、環境保護団体と観光開発業者との間で歩み寄りがみられるようになった。その典型的なものがエコツーリズムであり、前述のオーストラリア保全基金は自然志向の観光客のための歩道や標識、フェンスの整備といった地道な活動をボランティアによって行っている[18]。

歩み寄りの要因はいくつか考えられるが、その一つとしてつぎのようなものが想定される。開発業者からみると、長期間に渡って利益を得られる可能性があるエコツーリズムは魅力的である。他方、旧来の大規模リゾート開発では、一時的な収益は大きいが、時には自然を破壊して観光地の魅力を台無しにしてしまうことがあった。つまり、金の卵を生むガチョウを自分の手で殺すような恐れがあった。環境保護団体からみると、エコツーリズムの導入によって、それを通じて観光客に自然保護の教育を施せるというまたとない機会を得た。このことは、間接的には環境保護団体の会員数の増大や活動資金の増収をある程度期待できることを意味する。このように、観光開発業者と環境保護団体の両者は利害関係を共有する可能性をもてたと考えられる。

エコツーリズムの発展に伴い、政府や産学共同体も環境研究に参入するようになった。九二年には観光省によって『国家エコツーリズム戦略』が発表され、民間ではオーストラリア・エコツーリズム協会が設立された[19]。このような環境重視の動きはいくつかのイベントのなかにもみられる。八七年から開催されているソーラーカー・レースは、オーストラリアのみならず、GMや本田技研などの大企業が参加し、九〇年代には最先端の技術を競い合う国際的な一大イベントにまで成長している。

観光産業の発展および自然保護の人材育成のためには教育が重要である。クィーンズランド大学で発表された報告書の『オーストラリアの環境コース目録』によると、九五年の時点でオーストラリアにおける大学のうち環境学のコースをもっていたものは三五校であるとされる[20]。九六年のインターネットのホームページ検索によると、オーストラリアの全大学数は三八校であることから、この国における環境に対する関心度がいかに高いのか伺える。

クィーンズランド大学の報告書といくつかのカリキュラム紹介によると、オーストラリアでエコツーリズムに関連する科目をもっている大学は少なくとも一四校ある。九六年の時点での内訳は、ニュー・サウス・ウェールズ州五校、クィーンズランド州四校、ビクトリア州四校、タスマニア州一校というように、東海岸に集中している。[21] つまり、自然保護運動のみならず、観光産業も同様に盛んな地域でエコツーリズム関係のカリキュラムをもっている大学がみられ、産学あげての活動が行われている。

5　オーストラリア型サステイナブル・ツーリズム

オーストラリアにおけるサステイナブル・ツーリズムで、この国の独自性を彩るのに重要な役割を演じているのはアボリジニである。アボリジニの活動は自然保護としてのものとエスニック・マイノリティとしてのものとの両面性を備えている。アボリジニの伝統的な生活は自然との共生を基本としており、狩猟採集の生活は自然環境の制約が大きかった。とくに、自然環境が厳しいオーストラリアでは生産基盤が不安定であったため、ドリーミングと呼ばれる言い伝えやトーテミズムなどの伝統的な手法で収穫できる動植物の数や種類などを厳しく管理してきた。その結果アボリジニは五万年もの間、白人入植者の居住を阻んできた内陸部の乾燥地帯や北部の熱帯でも生き続けることができた。自然とともに生活するアボリジニは自然に害を与えない模範として環境保護団体から賞賛されている。

アボリジニのもう一つの特質として、マイノリティ・グループとしての側面がある。オーストラリアは多文化社会の国として知られるようになったが、この社会形態が形成される段階では少なからぬ反対があった。多文化政策の導入から四半世紀経ってもなお、九六年のハンソン論争にみられるようにアボリジニへの優遇政策やアジア系移民の受け入れに反対する勢力が存在している。このような排他的な勢力に対抗するためにマイノリティ・グループは協力しあう必要があった。

さて、アボリジニのこのような二面性はエコツーリズムとエスニック・ツーリズムを連結させる役目を果たしている。連邦政府の先住民調査委員会の調査報告書『アボリジニおよびトーレス島嶼人観光における国家戦略』でもまた、先住民の観光における文化面および自然環境面双方の貢献を評価している。[22]

ここで、アボリジナル・ツーリズムの一つの事例として、先住民の生活に触れる体験型の観光をあげたい。[23]オーストラリア国立大学の田村によると、アボリジナル・ツーリズムにはいくつかのメリットがあるとされる。一つは参加者が実体験を通してアボリジニの文化を理解できるメリット、もう一つはアボリジニが自分たちの文化に誇りをもてるというメリットである。この二つに加え、さらに、自然保護の面からみてもメリットがあるのではなかろうか。つまり、アボリジニの文化を学ぶということは、間接的にはオーストラリアの自然を学ぶことにつながるのである。

アボリジニの素朴な料理であるブッシュ・タッカーを食べに行くツアーに参加する場合、料理の食材集めから、調理、食事までのすべてのプロセスを体験する。つまり、料理を通じてアボリジニの文化を学ぶだけでなく、彼らが生活している自然環境も総合的に学べるのである。このようなアボリジナル・ツーリズムはオーストラリアにおけるサステイナブル・ツーリズムの複合的な形態であると考えられる。

本章で述べてきたことを年代別にまとめると、つぎのようになる。まず初めの段階であるが、第二次大戦後の社会変化により、観光産業、自然保護運動、多文化主義のおのおのが成長し、一九七〇年代半ばには成熟しつつあった。これらの三者はべつべつの分野のものとして発展し、時には対立し合う場合もあった。ところが、オイルショック以降の社会変化により、三者の関係は新たな段階に移っていった。八〇年代半ばには、反目していた観光産業と自然保護運動が止揚することによって結びつき、エコツーリズムへ発展していった。さらに、他方では、関連性が少なかった観光産業と多文化主義の結びつきによってエスニック・ツーリズムが広まっていった。

つぎの段階として、九〇年代半ばには、エコツーリズムとエスニック・ツーリズムが融合する傾向が一部でみられるようになった。つまり、止揚によって生まれた二つの種類の観光形態がさらに融合することによって新たな観光形態が生まれたのである。ここで、重要な役割を果たしたのがアボリジニである。アボリジニは一方ではナチュラル・コンサベーションの点で環境保護団体と利害が一致する。他方、アボリジニはカルチュラル・コンサベーションを標榜するマイノリティ・グループという点で多文化主義を支持するもろもろのエスニック・グループと利害が一致した。アボリジニ観光は両者の利害関係が絡まっており、これを基にして複合型のサステイナブル・ツーリズムが発展したと考えられる。

旧来の観光は観光業者と消費者のみを視野に入れたものであったと思われる。しかし、観光業者と環境保護団体のように異なる種類の団体の協力によってエコツーリズムのような新たな観光形態が広まった。オーストラリアにおける協力体制はさらに進化し、地域社会の活性化を含めたより総合的な観光形態に発展していった。つまり、オーストラリアでみられるような多くの人びとに利益をもたらす複合的な観光形態は、政府と民間、そしてさまざまな団体の協力体制があって初めて形成されたといえるだろう。

注

（1） United Nations Conference on Environment and Development ed., "Earth Summit Approves Agendah 21" *UN Chronicle*, 29, Sep., 1992, p. 59.

（2） 地球サミット以降、サステイナブル・ディベロップメントという語句は一般的に使われるようになったが、持続可能な開発という試み自体は特に新しいわけではない。たとえば、一九八二年には国連総会決議をもとに、環境と開発に関する世界委員会、通称ブルントラント委員会（Brundtland Commission）が結成されている。さらに、一九八九年にフランスで開催されたアルシュ・サミットでもまた、環境と開発の関係は主要議題になっていた。以上、林智他『サステイナブル・ディベロップメント』法律文化社　一九九一年　二三〜二五ページ。Robin, S., "What is to be done ?," *New Statesman & Society*, 3, May 25, 1990, p. 38.

（3）カナダにおけるサステイナブル・ツーリズムは以下の論文が詳しい。Lawrence, T. and Wickins, D., "Managing legitimacy in ecotourism," *Tourism Management*, 18(5) Aug., 1997, pp. 307-316.

（4）Harris, R. et al., *Sustainable Tourism*, Butterworth Heinemann Australia, 1995, p. XX.

（5）ホールの著書は数多いが、以下のものを参照されたい。ホール、C・M／須田直之訳『イベント観光学』信山社　一九九六年。Hall, C. M., *Heritage Management in Australia and New Zealand*, Oxford University Press, 1996.

（6）（特）国際観光振興会編「海外及び日本におけるエコツーリズムの現状」『国際観光情報』第二七四号　一九九二年　五ページ

（7）Orams, M. B., "Historical accounts of humandolphin interaction and recent developments in world dolphin based tourism in Australia," *Tourism Management*, 18(5) Aug., 1997, p. 317.

（8）Davis, D. et al., "Whale sharks in Ningaloo Marine Park: managing tourism in an Australian marine protected area," *Tourism Management*, 18(5) Aug., 1997, p. 262.

（9）Orams, *op. cit.*, p. 320.

（10）Harris, *op. cit.*, pp. 20-21.

（11）*Ibid.*, p. 117.

（12）*Ibid.*, p. 119.

（13）Davis, *op. cit.*, p. 259.

（14）この時期にはレジャー関連の商品も開発され、一九六五年にはこの国のキャンプやバーベキューに欠かせない持ち運びに便利なカスク・ワインが発明された。

(15) Hall, C. M., *Introduction to Tourism in Australia* (2nd edition) Longman Australia, 1995, p. 99.

(16) 徳久球雄編『環太平洋地域における国際観光』嵯峨野書院　一九九五年　一六一ページ。大京は一九八七年三月にゴールド・コーストのパーム・メトゥズ・ゴルフ場をオープンし、ＥＩＥインターナショナルは一九八八年末に同市のサンクチュアリー・コープを取得している。

(17) Hall (1995) p. 99.

(18) Harris, *op. cit.*, p. 40.

(19) *Ibid.*, p. 66. 同協会はチャールズ・スチュアート大学などと共同でエコツーリズムの効果的な運用を研究している。『エコツーリズム国家戦略』は下記のタイトルで市販されるようになった。Commonwealth Department of Tourism ed., *National Ecotourism Strategy*, Australian Government Pubishing Service, Canberra, 1994.

(20) Cockburn, T. et al., *Directory of Environmental Courses in Australia*, The University of Queensland, 1995 のインデックス部分を使用。

(21) エコツーリズム関係の講座をもっている大学のうち、『オーストラリアの環境コース目録』と『エコツーリズム国家戦略』および一九九六年九月現在のインターネットのホームページに掲載されていたもの。ただし、エコツーリズムの授業は必ずしも観光学コースにあるわけではなく、環境学や応用科学の一部として扱われている場合もある。

(22) National Centre for Studies in Travel and Tourism ed., *National Aboriginal and Torres Strait Islander Tourism Strategy*, Aboriginal and Torres Strait Islander Commission, Canberra, 1994, pp. 470-473.

(23) 田村恵子「オーストラリア・アボリジニと文化観光」『旅の文化研究所研究報告3』一九九五年一七八ページ

6　観光のなかの伝統文化

小さなコミュニティから発展したエスニック・タウンはレストラン街や民族雑貨店を包括した一大商店街でもある。そこは、コミュニティの構成員だけでなく、ホスト社会や観光客など、すべての人びとに開かれている。同時にエスニック・コミュニティの小さな祭りのいくつかもまた、大規模な観光用のイベントに発展している。なかには、個々のエスニック・イベントが結び付き、諸民族の文化を祝う大きな祭典さえ誕生している。

1　先住民アボリジニ

オーストラリアの先住民であるアボリジニは五万年前にこの大陸に渡り、狩猟採集を中心とした生活を送っていた。しかし、一七八八年にイギリスが植民地開発を行って以来、先住民は新しい移住者に土地を奪われ、内陸部の乾いた地域に追われていった。とくに、民族差別の著しい白豪主義下ではアボリジニにとって苦難の時代が続いた。そして、一九六七年の市民権改正でオーストラリア人として認められるまで先住民は差別の対象であった。他方、七〇年代以降になると、多文化主義を基調としたエスニック政策が連邦政府によって導入され、民族差別が解消されつつある。多文化主義とは、あらゆる民族文化の良いところを尊重しあうものであり、アボリジニ文化もまた高く評価されるようになった(1)。

ただし、アボリジニは四〇〇〜六〇〇ほどのグループに分かれているため、その文化も多様である(2)。さらに、ある者は内陸部で伝統的な生活文化を保持しているのに対し、またある者は都市部で現代的な生活のなかに独特な美術デザインなどを活用している(3)。そのため、より多くの人びとに多様なアボリジニ文化を広めるためには、普遍的に周遊を楽しめ、手軽に参加が可能な観光が有意義である。

アボリジニ文化を知るための観光にはさまざまな形態があり、より多くの人びとが先住民文化に触れる機会を提供している。短期間のものには、アボリジニ・デザインの土産物を免税店で数分間みることや、ダンスや工芸品製作実演を数時間みるツアーがある。ある程度時間に余裕があれば、ブッシュ・カレッジと呼ばれるアボリジニ文化の体験教室に数日間通うことや、先住民の家庭に数週間ホームステイすることも可能である(4)。シドニーやメルボルンなどの都市部に留まっていても、博物館や美術館、あるいは史跡を巡る散策コースでアボリジニ文化にある程度触れられる(5)。観光バスや車で長距離旅行をすれば荒野に残された壁画を目の前で堪能できる。

ただし、本来アボリジニの文化は人にみせるものではなく、厳しい自然環境で生き抜くために生まれた生活の知恵であった。土産として人気のあるブーメランは狩りの道具であったことはいうまでもないが、洞窟や地面などに描かれた絵画は豊猟を祈るための呪術的なものであった。絵画は生活に密着しており、ドリーミングと呼ばれるアボリジニの歴史を口頭で伝承した神話が主な画題として用いられた。(6) 土産物屋でみられるディジュリドゥと呼ばれる大型の管楽器は観光客の目を引くが、音楽は聴いて楽しむものではなく、遠くの人とコミュニケーションを取るために用いられた。(7) 異文化理解のための体験型ツアーは、これら先住民文化の背景をより深く理解するために貢献している。そのなかの一つに、食文化を体験するツアーがある。

アリススプリングスやダーウィンのように、先住民の人口が多い町に行くと、ブッシュ・タッカーと呼ばれるアボリジニの料理を食べに行くツアーが組まれている。メニューには大きな腹に蜜を蓄えた蜜アリ、食用の芋虫、ゴアナと呼ばれる大トカゲなど、日本人からみれば日常的ではない食材もあるが、このツアーに参加することは異文化に触れる貴重な体験である。(8) これらの食材はしばしばテレビのゲテモノ料理の番組で採り上げられるため、画面でみたことのある人は少なからずいるだろう。

表6-1はブッシュ・タッカーの種類を表わしたものである。自生の植物や身近に採取可能な昆虫、カンガルーなどの動物などが食物としてあげられている。さらに、乾燥した環境の大陸中央部では水分の補給が生存のために必要不可欠であるので、水に関するカテゴリーが設けられている。とくに小川からの給水が困難である乾期には、幹に水分を貯める樹木や腹に水を蓄えるカエルなどからの水分補給が伝統的に受け継がれてきた。

しかし、体験型のブッシュ・タッカー・ツアーは単なる珍しい料理を食べ歩くツアーではなく、食材の採集から調理へと、料理ができあがるまでのあらゆるプロセスを経験することになる。そのた

表6-1　ブッシュ・タッカーの種類

名　前	食物の内容
グワル（Ngkwarle）	蜂蜜状の食べ物。とくに甘い味ではないものもある。花のネクターや食用の樹脂，蜜アリ，野生の蜜蜂などが含まれる。アルコール飲料を指す場合もある。
ムルヌ（Merne）	植物から採れる食べ物。植物の果実や食用の葉，花，茎，根の他に，ある樹木で見つけられる虫瘤を含む。
ムルヌ・ンダング（Merne Ntange）	食用の種子。植物から採取されるため，ムルヌに分類されることもある。
チャプ（Tyape）	食用の芋虫や毛虫，その他の昆虫。芋虫の多くは蛾の幼虫であり，よく知られた食べ物である。しかし毛虫や他の昆虫は近年あまり食べられていない。
クル（Kere）	動物の肉や他の部分。とくに肉を指すが，脂肪や卵，血，腸，その他の部分を指す場合もある。チーズは伝統的な食べ物でなかったが，クル・チーズと表わされる。食べ物の源である動物もまたクルと表現することができる。
クァデュ（Kwatye）	水状のもの。乾燥した環境のオーストラリア中央部では，生存するために水を見つける知識が不可欠である。クァデュは雨や雫，流水のあらゆる形態を示す。霧や氷，湯気など水に関連したものや雨雲，洞窟，小川などの水源を表わす場合がある。

注：アリススプリングス東方の東ウルンドゥ（Arrente）地方の発音。

出典：Turner-Neale, Margaret-Mary, *Bush Food,* IAD Press, Alice Springs, 1996, pp. 1-51.

め、食事にありつくには自然のなかに暮らす動植物の生態系を十分理解していなければならない。さらに、食べられる動植物と毒のあるものを見分ける知識が必要である。前記のように、川や湖が干上がるほど乾燥が著しい大陸中央部では、水分さえも動植物から摂取しなければならない場合がある。荒野を生き抜くための知恵を得ることは、先住民文化を理解するだけでなく、同時に自然環境を理解することになる。[9]

自然のなかで独特の生活習慣を保ってきたアボリジニの存在は、オーストラリア観光の独自性を引き立たせている。さらに、アボリジニ文化は九〇年代における観光形態の二つの大きなトレンドを包括している。環境破壊を伴ったかつての大規模リゾート開発の反省から、自然に優しいエコツーリズムは世界的に注目を浴びている。多文化社会であるオーストラリアでは、諸民族の共生が進み、エスニック・ツーリズムが発展しつつある。アボリジニ観光はエスニック・ツーリズムとエコツーリズムを融合したものである。すなわち、自然環境と人間の社会や文化を繋ぐ架け橋であるといえよう。

2　ドイツ系移民

移民の伝統文化の代表として、ドイツ系移民のワイン作りがあげられる。南オーストラリア州最大の街アデレードから北東に五〇キロメートル進み、そこからさらに五〇キロメートルほどの間にはバロッサ・バレーと呼ばれる小高い丘に挟まれた農村地帯が広がる。ワインの産地として国内外に知られるこの地域には、タナンダ、リンドック、ヌリウッパ、アンガストンなどの集落があり、五〇以上のワイナリーがオーストラリア・ワインの約七割を生産している。バロッサ・バレーはドイツ系移民によって開発された地域としても知られており、伝統文化が息づいている。

オーストラリアにおけるドイツ系移民の歴史は、フリードリッヒ・ビルヘルムⅢ世（在位一七九七〜一八四〇年）の治世まで遡れる。当時のプロシア国王は、宗教に関して普遍的であったとされるが、その普遍性をもった社会を保つために法律や軍隊の力を行使することもあった。たとえば、一八三四年二月二八日に国王が宗教に関する宣言書をまとめ、プロシアに普遍的な国教を導入するためにカルバン派とルター派を組み込むことを試みた。しかし、この政策はカルバン派に有利であり、ルター派に対立する勢力を伸ばすことになるため、ルター派の一部が反対した。そのため、一八三〇年代後半から四〇年代にかけて、プロシア国内は宗教的な対立状態に陥り、教会の統一に反対する勢力に対して警察や軍隊の介入もあった[10]。不利益を被っていたルター派の人びとは故郷を捨て、アメリカ合衆国やオーストラリアなどの新天地を目指していった。

オーストラリアにおけるルター派の移民の中心人物として、カベル牧師があげられる。カベルは、一八三六年二月六日から三月二五日までハンブルグに滞在していたが、そのときにイギリスの人道主義的な資産家であるアンガスのことを知った。カベルはルター派の人びとを渡航させるのに必要なスポンサーを得るために、同年三月二五日にロンドンに渡った[11]。アンガスの資金援助を受けたカベルは、一八三八年七月二六日にロンドンからプロシア国王へ送った書簡により移住許可を得、ハンブルグからルター派の移民を引き連れて南オーストラリア植民地へ渡航していった[12]（同年一一月二〇日に到着）。これらを皮切りに、南オーストラリアではドイツ系の人びとの移住が続いたが、その出身地はポーセンやブランデンブルグ、シレジアが中心であった。これらの移民出身地はプロシアとポーランドの間に挟まれた紛争の絶えない地域であり、早くも一八三六年にはアメリカ合衆国への移住が始まっていたとされる。たとえば、ブランデンブルグでは同年五月に四〇四人の移民がアメリカなどの海外へ出国した記録が残っている[13]。

ドイツ系移民が入植を開始した一八三八年当時の南オーストラリアは、ウイリアム・ライト大佐の植民地形成後わずか二年半しか経っていないフロンティアであった。さらに、この植民地政府はニュー・サウス・ウェールズなどの流刑植民地と異なり、民間人の自由植民によって形成されていた。そのため、自由な気風のなかで、ドイツ系移民はバロッサ・バレーやハーンドルフなどに入植し、開拓地で農業主体の伝統的な生計を立てていった。一八四二年には一一五人のドイツ系移住者がバロッサ・バレーに入植し、一八四〇・五〇年代にかけてベッサニーやラングメイルなどの村落を形成した。一八四三年には約七〇〇人のドイツ系移民が南オーストラリアに居住していたとされ、その後連邦国家が形成される前年の一九〇〇年までに南オーストラリア植民地には一万八〇〇〇人ほどのドイツ系移民が入植した[14]。

ドイツ系移民が居住したバロッサ・バレーでは、同時に移住者が出身地の生活習慣を持ち込んだ。いくつかの地名や人名はドイツ風であり、クリスマスなどの祭日にはドイツ風ハニーケーキなどの民族料理が振る舞われた。バロッサ・バレーはドイツ系移民が発展させたワインの一大産地として知られているが、この地域におけるワインの歴史は古く、一八四二年にドイツ系移民がベッサニーに入植したときには家庭用ワインのためにブドウ栽培が行われたとされる[15]。オーストラリアではドイツ系移民が入植する前からワインの生産はあったが、この国のワイン産業は彼らの移住後に急成長していった。

ここでもまた、先述のアンガスは南オーストラリア植民地開拓のスポンサーとなり、入植地におけるイギリス人労働者とドイツ人労働者を平等に扱ったとされる。南オーストラリアでは、バロッサ・バレーなどアデレード近郊を中心に、一八五〇年には一一四ヘクタールのワイン・ブドウ農園が開かれ、一八六〇年代にブドウ・ブームが起こった。同地では一八六二年に一六二〇ヘクタールの土地から一四二万リットルのワインを産出しており、主に素朴な赤ワインを作っていた。

現在のドイツやオーストリア出身の移民はバロッサ・ワインの生産に貢献したが、必ずしも出身地の苗木を使ったわけではない。ここではドイツ産のブドウだけではなく、フランスや他の地域原産のものを使うなど、土壌や気候風土にあった独特のワイン作りを行っていた。一九〇三年には、セッペルツフィールドやシャトー・タナンダ、ヤルンバなどがバロッサ・バレーの主なワイン産地になった(16)。南オーストラリア州の一九〇三年のワイン生産量は一一〇〇万リットルを越え、ワイン輸出は一九〇〇年に一〇万リットルであったものが一九〇六年には二〇〇万リットルに激増した(17)。

しかし、順調に発展しつつあったドイツ系移民のコミュニティは第一次大戦のときに危機的状況におかれた。英連邦の一員であったオーストラリアでは、一九一七年にかけて反ドイツ感情が高まり、ベッサニー（Bethanien→Bethany）やゴマーサル（Neu Mecklenburg→Gomersal）、ローズデール（Rosenthal→Rosedale）などのようにドイツ的な地名がつぎつぎと改名された(18)。教会などで配布されていたドイツ語の出版物は発禁され、ルター派の小学校も閉鎖された。連邦政府は同化主義的なエスニック政策を行っていたため、ドイツ系移民は次第にドイツ語を忘れていった。さらに、一九一八年に連邦ワイン・カウンシルが設立され、ワイン産業は連邦政府の管轄下におかれた(19)。

加えて、第二次大戦はワイン産業に悪い影響を及ぼした。一九三五／三六年度のオーストラリア全体のワイン輸出は一六〇〇万リットルであったものが、四一年には七五〇万リットル、四三年には三七〇万リットルに輸出量が激減した。これは、ドイツのUボートの海上封鎖によるヨーロッパ向けワインの輸出停滞や日本の東南アジア占領による影響であったといわれる。ただし、第二次大戦直後の一九四六／四七年度には輸出量が一二〇〇万《リットル》に回復し、ワイン産業は再び成長期を迎える[20]。

　このような困難な時代を経たのにもかかわらず、食生活などのいくつかの民族文化はバロッサ・バレーの人びとに受け継がれていった。歴史の偶然であるが、第二次大戦直後における連邦政府の大規模移民計画のため、一八四〇年代から一〇〇年後の一九四〇年代にバロッサへのドイツ系移民は再び増加した。一九五〇・六〇年代にはドイツ風の名前や伝統文化を取り戻す運動が起こり、そのとき改名されたシーゲルドルフ・ライン・リーズリングはオーストラリアでもっとも知られた白ワインの一つになった[21]。一九六〇年代にはオーストラリア国内で赤のドライ・ワイン人気が高まったが、これはヨーロッパ各地からの移民が増え、生活習慣を持ち込んだために、飲食物の好みが変化したためであるという俗説がある。たしかに、ヨーロッパ系移民の増加により、オーストラリア各地でワイン・ブドウの栽培が行われたようである。一九九七年にはバロッサ・バレーは一億二五〇〇万《リットル》のワインを産出し、この国における輸出量の四〇％を占めている。このワイン生産は五〇のワイナリーと四〇〇のブドウ園経営者によって支えられている[22]。

　バロッサ・バレーでは、ドイツ系移民の伝統文化を観光資源としたものが少なからずみられる。ルター派教会などの開拓時代の建築物はブドウ農園の景観に溶け込んでいる。タナンダやリンドックのワイナリーでは試飲ツアーが組まれ、その場でワインを購入できる。ワインの一大産地であるため、タナンダのワイン・ビジター・センターではバロッサ・バレーの歴史やワイナリーについて情報を得られる。ヌリウッパにはワイン・ヘリテージ博物館が設置されているが、この博物館は一九九三年の南オーストラリア州観光局のヘリテージ・ツーリズム部門で授賞されている。(23) バロッサ・バレーにおける食の祭りは三月の第一週の末に行われており、伝統的なドイツ料理やワインを観光客に提供している。

音楽の伝統も息づいており、そのいくつかは大規模なイベントになっている。バロッサ国際音楽祭は一九九〇年一〇月から行われ、地元の音楽家のみならず、海外から招待された演奏家がクラシック音楽を中心に奏でている。これは元来地域コミュニティの歌の祭典であったものが、オーストラリア国内外の観光客がワインや料理を求めて訪問する総合的な文化の祭典に発展したものである。バロッサ国際音楽祭では、九五年に一〇八、九六年に一一二のイベントが行われた。(24)

これらの数ある伝統文化の祭典のなかで、おそらくバロッサでもっともよく知られているものは、一九四九年に現在の名称に変わったバロッサ・ビンテージ祭りであろう。このワインの祭りは、偶数年に開催されるアデレード・フェスティバルと重ならないために六五年以降隔年で奇数年の三・四月に開催されている。九〇年代になると、文化観光（cultural tourism）の重要性が以前よりも叫ばれるようになり、コミュニティ・ベースであったバロッサ・ビンテージ祭りはフェスティバル・コミッティが運営するようになった。このコミッティはバロッサ・ワインおよび観光協会、南オーストラリア州政府コミッション、オーストラリア大規模イベント・コミッティなどが参加し、支援している。九七年のバロッサ・ビンテージ祭りには二三二のアトラクション、一一〇のイベント、約一〇万人の訪問者があった[25]。

3　諸民族の祭典

先述のバロッサ・バレーのように、世界各国からの移民によって社会が形成されたオーストラリアでは、各地にエスニック・タウンが存在する。シドニーではダーリング・ハーバーに隣接するチャイナタウン、ライカート地区のイタリア人街、カブラマッタ地区のベトナム人街などがよく知られている。メルボルンでは、リトルバーク通りのチャイナタウン、ライゴン通りのイタリア人街などのエスニック・タウンが大規模に発展し、一大レストラン街が形成されている。エスニック・タウンのなかでも、とくにチャイナタウンは質量ともに存在感があり、ブリスベンのバレー地区やアデレードのセントラル・マーケットなど、オーストラリア各地の大都市でみられる。

一九七〇年代に多文化政策が導入されたオーストラリアでは、多くの民族が平和裏に共生する社会を模索している。多文化政策は、マジョリティ社会のみならず、移民や先住民などといったすべての民族文化の良いところをお互いに尊重するため、八〇年代になると、それまでの主な出身地であったヨーロッパ地域のみならずアジア諸国から移民が押し寄せるようになった。

多文化社会の祭りやイベントは、参加者が楽しめるだけでなく、異文化理解に貢献している。たとえば、オーストラリアには地中海から渡ってきたマルタ人のコミュニティがいくつかある。彼らのコミュニティ内の小さな祭りが大規模化すると、コミュニティ以外の人びとにも知られるようになり、そのうちコミュニティ外部の好奇心旺盛な人びとが祭りを見学するようになる。最終的には連鎖的により多くの人びとが祭りに参加することになるため、エスニック・イベントは他の民族との交流促進に一役買っているとされる[26]。

さらに、多文化社会の看板を掲げるオーストラリアでは、諸民族間の交流を目的としたイベントも少なくない。毎年一月中旬に行われるキャンベラの全国多文化祭はさまざまな民族が共生するオーストラリア社会の象徴として日本でも紹介されている。オーストラリアにおける一九九八年の多文化イベントや大規模なエスニック・フェスティバルには、表6-2にあげるようなものがあった。月正月は中国系やベトナム系の人びとの祭日で、日本の旧正月に当たる。アメリカでおなじみの聖パトリックの日はアイルランド系移民の祭日であり、自らのアイデンティティを象徴する緑色の衣装を身に纏った人びとが街に繰り出す。グリンジはギリシア系移民の祭りであり、アデレード以外の諸都市でも祝われている。

これらのイベントの対象は、ヨーロッパ諸国出身者のみならず、アジアやアフリカ、中南米など、世界各地のエスニック文化に広がっている。「多文化」や「国際」を掲げている祭りはシドニーやメルボルンといった大都市だけでなく、地方の中小都市でも少なからずみられる。つまり、北はクィーンズランド州のケアンズから南はタスマニア州まで諸民族の祭典が普及している。このように、オーストラリアの祭典は全国的にコスモポリタン的要素が広まる傾向があるといえよう。

表6-2　オーストラリアにおける諸民族の祭典（1998年）

日　程	行　　事
1月17日	全国多文化祭（キャンベラ，ACT）
24日	中国正月祭（ブリスベン，Qld）
25日	オーストラリア多文化祭（デボンポート，Tas）
30日	多文化祭（ロンセストン，Tas）
31日	月正月祭（メルボルン，Vic）
2月14日	謝肉祭（アデレード，SA）
3月15日	アジア文化の週末（メルボルン，Vic）
15日	聖パトリックの日（メルボルン，Vic）
21日	グリンジ祭（アデレード，SA）
4月4日	ドラゴンボート祭（シドニー，NSW）
6日	多民族文化祭（メルボルン，Vic）
5月4日	バンテイル・ムスター・パレード（アリススプリングス，NT）
6月6日	ケルト冬の祭典（ホバート，Tas）
7月26日	多文化料理とワインの祭典（チルダース，Qld）
8月9日	中部クィーンズランド多文化祭（ロックハンプトン，Qld）
9日	多文化砂糖祭（ナンバー，Qld）
22日	多文化祭（ケアンズ，Qld）
29日	フィエスタ98（ブリスベン，Qld）
29日	アフリカン・コミュニティ文化祭（メルボルン，Vic）
9月12日	中国月提灯祭（メルボルン，Vic）
10月3日	国際ワインと料理の祭典（バンダーバーグ，Qld）
15日	国際祭（メルボルン，Vic）
23日	移民情報博覧会（ゴールド・コースト，Qld）
11月14日	ヒスパニック祭（メルボルン，Vic）
29日	ガム・ツリー祭（ホバート，Tas）
12月29日	民俗祭（ウッドフォード，Qld）

出典：Department of Immigration and Multicultural Affairs ed., *Diary of Multicultural Events,* DIMA, Canberra, 1998 の月別行事一覧を参照。

なお、多文化社会ではマイノリティ文化が尊重されるため、サブカルチャーの祭典も顕示的である。そのため、シドニーではマルディ・グラと呼ばれる同性愛者の権利を主張する祭典が二月から三月にかけて催されている。一九七八年からパレードが行われたこの祭典では、ボンテージや羽飾り、電飾といった奇抜なファッションを身につけた人びとがオックスフォード通りを闊歩する。(27) メルボルンでも同様に、同性愛者は一月のミッドサマ・フェスティバルで自己の存在をアピールしている。

ビクトリア州の州都メルボルンはシドニーと並んで多民族化が進んだ街として知られている。とくに、第二次大戦後に南ヨーロッパからの移民が大量に移り住んだメルボルンでは、ギリシアやイタリアなどをテーマにした祭典が少なからずみられる。ビクトリア州における九八年の文化系祭典には表6-3にあげるようなものがあった。一〇〇万の移民祭やパコ・フェスタはさまざまなエスニック・グループがもたらした社会の多様性を祝う祭典である。このように、特定のエスニック・グループを対象とした祭典のなかに、東西文化の交流や文明と先住民文化の交流をテーマにしたイベントがみられる。ビクトリア州における先住民は人口的に少数である。しかし、パプンヤやガンジラのようにアボリジニ芸術のイベントがいくつか開催されている。これらの芸術祭は先住民文化の理解を深めるために有意義である。さらに、アボリジニの言葉でともに集うという意味があるムウンバは、メルボルンを代表する祭典となっている。

この祭りでは、メルボルンに在住の先住民のみならず、世界中から訪れた移民や滞在者すべてが主役である。目抜き通りであるスワンストン通りでは、神輿を担いだ日本人が躍動し、そのすぐ横では龍のように長い中国風獅子が宙を舞っている。ヤラ川の両岸では軽やかな音楽に合わせて民族舞踊が踊られている。さまざまなアトラクションのなかでもギリシア風やマケドニア風など、おのおのの民族衣装を模したコスチュームを着た人びとのパレードは圧巻であり、あたかも大名行列のような大行進が続く。ラトローブ通りからタウンホール方面へ向かったパレードが過ぎ去るのは数十分であるが、パレードを終えた人びとは三々五々スワンストン通りを散らばり、各グループで民族色豊かなパフォーマンスを行うのである。九八年のムウンバでは豪華なナイトパレードが行われ、アボリジニの舞踊団や民族衣装を着た移民の人びとともに、電飾で彩られた人びとが集い合っていた。

表6-3　ビクトリア州における文化系祭典（1998年）

日　程	行　　事
前年12月	パプンヤ（シティ）
1月上旬	イースト・ミーツ・ウエスト（フッツクレイ）
11日	イタリアン・フェスティバル（ロースブッド）
17日	ミッドサマ・フェスティバル（シティ）
19日	100万の移民祭（エキシビション通り）
30日	中国正月祭（リトル・バーク通り）
31日	テト（フッツクレイ）
2月8日	コバーグ・ギリシア祭（コバーグ）
28日	パコ・フェスタ（ジーロン）
3月5日	ムウンバ・フェスティバル（シティ）
13日	フード&ワイン・フェスティバル（シティ）
4月1日	国際花と庭園ショー（カールトン）
3日	国際コメディ・フェスティバル（シティ）
5月29日	スイス・イタリア祭（ヘボン・スプリングス）
6月5日	全国ケルト・フォーク祭（ジーロン）
7月11日	クレアテ・ユース・アーツ（エキシビション通り）
8月30日	シップ・ン・サップ・ワイン祭（サンブリー）
9月上旬	アジアン・フード・フェスティバル（シティ）
10月15日	メルボルン・フェスティバル（メルボルン各地）
24日	ライゴン通りフェスティバル（ライゴン通り）
11月8日	メキシカン・フィエスタ（ストラスメルトン）
21日	オークレイ国際祭（オークレイ）
28日	ムンガベリナ・ガンジラ（アルバリー）
12月4日	モンサルバット全国詩と唄の祭典（エルサム）

出典：Wadsworth, Jill and Richardson, Barrie, *Victoria's Fantastic Festivals and Fun Events 1998*, Richworth Publishing, St Kilda, Vic., 1998 のインデックスを引用。

　エスニック・コミュニティや諸民族の祭典では、多種多様な料理が観光客を魅了し、イベントの縁の下を支えている。アデレードのグリンジでは、観光客がギリシア舞踊をみながらイーロスと呼ばれる羊肉と野菜をはさんだピザ状のパンにかぶりついている。メルボルンのライゴン通り祭りは場所柄もあり、イタリア料理店やカフェが重要な役割を演じる。なかにはフード・フェスティバルのように食文化が祭りのメイン・イベントになる場合があり、一つの街にいながらにして世界各国の料理を堪能できる。

九五年三月に行われたフード・フェスティバルはメルボルン港の埠頭や倉庫が会場になっていた。倉庫の内外には一〇〇あまりものテントが張られ、屋台村が形成された。調理台の上に鏡張りの天井をつけた料理教室では、インストラクターがハーブを使った地中海風の魚料理を手際良く実演していた。倉庫内のテントに囲まれた小さな広場は牧草の固まりでデコレーションされ、ビクトリア州の農村風景を演出していた。

他方、埠頭には日本からはるばる訪れた帆船を係留し、洒落た港町を演出していた。野外に作られたバーベキュー・ブースでは、あたかもアメリカ合衆国のフィッシャーマンズ・ワーフのように、とれたての生きのよい魚やエビ、ウミザリガニがその場で調理された。倉庫横に作られた模擬店のスシバーではタスマニアから送られてきたマスが握られていた。

フード・フェスティバルはエスニック料理の宝庫である。屋内ブースではインド系のシェフが手際よく野菜をさばき、同時に香ばしい豆カレーを炒めていた。その横では別の職人が携帯用のタンドリーでナンを焼いていた。赤提灯をぶら下げた日本料理のブースでは、法被を着た従業員が団扇を片手に炭火を扇ぎ、焼き鳥を返していた。屋外のカクテルバーでは、スコッチやギリシアのウゾに混じり、サントリーのミドリが振舞われていた。

フード・フェスティバルにみられるように、オーストラリアではエスニック料理、とくにアジア系の料理の人気が高い。中国系などアジア出身の人びとだけでなく、イギリス系などヨーロッパ出身の人びともアジア料理へこぞって向かい、カラフルな料理を満喫している。エスニック料理の集いは食の多文化のために一役買っている。(28)

オーストラリアを走る自動車には、そのナンバープレートに所有者が所属する州の愛称が記されている。ニュー・サウス・ウェールズ州は最初の州（First State）、クィーンズランド州は太陽の州（Sunshine State）であるが、南オーストラリア州の自動車のナンバープレートには、フェスティバルの州（Festival State）と記されている。ドイツ系移民によって開拓されたバロッサ・バレーには独特の文化が根ざしており、この地で行われる諸祭典に少なからず影響を及ぼしている。そのため、州都のアデレードのみならず、バロッサ・バレーもまたフェスティバルの州の看板を掲げるために大いに貢献しているのである。

多文化社会が形成されたオーストラリアは、エスニック文化が満ち溢れている。メルボルンの街並みはいくつかの顔をもっており、ある地域では中国風であり、イタリア風であり、ギリシア風でもある。そこで催されるフェスティバルやイベントも多様であり、エスニック文化に彩られている。祭りで奏でられる音楽や舞踊、食欲をそそる香りを醸し出す料理はコミュニティの住民のみならず観光客にとっても魅惑的である。

　多文化主義によって諸民族の交流が活発になったオーストラリアでは、食文化の融合も著しい。巻きずしの一種だが魚の代わりにアボカドを巻いたカリフォルニア・ロール、中近東のシシカバブやギリシアのイーロスをハンバーガーのようにファースト・フード化したもの、アボリジニの料理で用いる野草をイギリス料理に用いたヌーベル・オーストラリア料理など、諸民族文化の要素が混合した料理は祭りをみながら手軽に楽しめるのである。

注

（1）田村加代「アボリジナルアートの都」『オセアニア教育研究』第四号　一九九七年　三二ページ
（2）竹田いさみ・森健編『オーストラリア入門』東京大学出版会　一九九八年　六〇ページ
（3）鈴木清史『都市のアボリジニ』明石書店　一九九五年　一二ページ
（4）田村恵子「オーストラリア・アボリジニと文化観光」『旅の文化研究所研究報告3』一九九五年　八二ページ
（5）Eidelson, Meyer, *The Melbourne Dreaming*, Aboriginal Studies Press, Canberra, 1997, pp. 74-83.
（6）Caruana, Wally, *Aboriginal Art*, Thames and Hudson, Singapore, 1993, pp. 7-14.
（7）Ellis, Catherine J., *Aboriginal Music*, University of Queensland Press, Brisbane, 1993, pp. 15-17.
（8）Turner-Neale, Margaret-Mary, *Bush Foods*, IAD Press, Alice Splings, 1996, pp. 8-38.
（9）Jacobs, Jane M. and Gale, Fay, *Tourism and the Protection of Aboriginal Cultural Sites*, Australian Government Pubishing Service, Canberra, 1994, pp. 1-8.

(10) Iwan, W., *Because of Their Beliefs Emigration from Prussia to Australia,* Openbook Publishrers, Adelaide, 1995, pp. 4-8.

(11) *Ibid.,* p. 18.

(12) Ioannou, Noris, *Barossa Journeys into a valley of tradition,* Paringa Press, Kent Town, SA, 1997, pp. 10-11.

(13) Iwan, *op. cit.,* pp. 71-73.

(14) Ioannou, *op. cit.,* pp. 16-19.

(15) *Ibid.,* p. 102.

(16) Beeston, John, *A Concise History of Australian Wine,* Allen & Unwin Pty Ltd., St. Leonards, NSW, 1994, pp. 118-120.

(17) *Ibid.,* p. 141.

(18) Ioannou, *op. cit.,* p. 28.

(19) Beeston, *op. cit.,* p. 148.

(20) *Ibid.,* pp. 181-182.

(21) *Ibid.,* pp. 195-197.

(22) Ioannou, *op. cit.,* p. 118.

(23) *Ibid.,* p. 206.

(24) *Ibid.,* pp. 219-221.

(25) *Ibid.,* pp. 223-225.

(26) York, Barry, “Multicultural Heritage, Tourism and Tradition The Inaugural Mackay Maltese

Festival, 1994" in Davey, Gwenda Beed and Faine, Susan ed., *Traditions and Tourism*, Monash University, Melbourne, 1996, pp. 116–119.

（27） 大津彬裕『オーストラリア変わりゆく素顔』大修館　一九九五年　六二ページ

（28） アジア料理は以下のイベントでも振る舞われている。
インド共和国の日（インド）、中国正月（中国）、ハリラヤ・ブアサ（マレーシア）、ソンカラン祭（タイ）、ドラゴンボート祭（中国）、ヤン・ティペタン・アゴン誕生日（マレーシア）、お盆祭（日本）、インド独立日（インド）、テト・トラン・チュ（ベトナム）、アメリカン・エキスプレス・アジアン・フード・フェスティバル（アジア全般）、ディクリ（インド）、台所神の祭り（中国）（出典：Chinese Museum ed., *Asian Food Festival Diary 1995*, Desingns Australia Pty Ltd., Melbourne, 1994 のインデックスを使用）。

7　飲食産業とエスニック・ツーリズムへの潜在性

オーストラリアの観光産業は順調に成長しているが、いくつかの不安要素もある。まず第一に、インバウンド観光の弱点は、繰り返し同国を訪問するリピーターが少ないことである。リピーターを獲得するためには、一度訪問しただけでは物足りないほどの魅力を備えた観光資源を多角的に開発する必要がある。

もう一つの弱点は、珍しい動植物などの特定の観光資源に過度に依存していたモノカルチャー経済的な経営方針であった。モノカルチャー型の経済体質は、消費者のトレンドに左右されやすく、不安定である。観光収入によって外貨を安定的に得るためにも、多角的経営は必要である。そこで、オーストラリアの魅力ある観光資源の選択肢を増やす一例として、エスニック文化の活用を提案する。

オーストラリアでは、一九七二年のホイットラム労働党政権誕生以降急速に広まったマルチカルチュラリズムによって、エスニック文化が国内で評価されるようになった。マルチカルチュラリズム、つまり多文化主義とは、るつぼ型の同化主義とは異なり、多民族社会を構成する人びとの多様性を肯定的に認め、諸民族の優れた個性を社会に生かそうとするものである。諸民族のエスニック文化のなかでも、とくに先住民アボリジニの音楽や美術は海外でもよく知られており、オーストラリアの重要な観光資源として活用され始めている。しかし、同国の移民文化は海外からの観光客にそれほど知られていない。そこで、本章では、同国のエスニック文化の多様性を生かした観光資源の一つとして、飲食産業に注目する。(1)

1　多民族社会の食生活

オーストラリアの食生活では、イギリス色が薄まり移民やアボリジニがもたらす多彩な食文化に彩られるようになった。観光客にもっともよく知られているオーストラリアのエスニック料理は、おそらく野生の動植物を調理したアボリジニの素朴な伝統料理、ブッシュ・タッカーであろう。しかし、世界各地から集まった人びとによって多様性に富んだ社会が構成されているオーストラリアでは、特徴的な料理はアボリジニのものだけではない。ところが、残念なことに、一九九〇年代活発になったオーストラリア政府観光局（ATC）の広報活動にもかかわらず、同国の料理で海外にも知られているものはさほど多くないと思われる。オーストラリアの国民食ともいえる野菜ペーストのベジマイトさえも、海外での知名度はそれほど高くないようである。このようにマイナーなオーストラリアの食文化であるが、逆の角度からみると、未知なるものには潜在的な価値があるといえよう。

現在のオーストラリアでは、移民の増加に伴い、世界各地のエスニック料理が急速に流入している。同国の飲食産業のなかでも、とくにアジア系レストランの増加が目覚ましい。本来、移民社会のエスニック・レストランは、教会や中国の廟などのように移民のコミュニティの中心的な役割を演じてきたといわれる。[2] 他方、日本の各地に存在するエスニック・レストランにみられるように、レストランの増加が移民の増加とはあまり関係がなさそうなものもある。いうまでもないことだが、レストランは料理を楽しむ場所である。しかし、コミュニティの外部の者にとって、エスニック・レストランは料理を味わうだけでなく、見慣れぬ異国情緒を満喫することができる場所である。さらに、民族色豊かなエスニック・レストランが軒を連ねて立ち並ぶと、その風景は壮観なものである。そのため、これらの魅力は観光客にも十分アピールすると考えられる。

2　薄まるイギリス色

初めてオーストラリアに訪れる観光客にとって、同国はイギリス風の国であるというイメージがもたれがちだと思われる。しかし、九〇年代のオーストラリアは、キーティング元首相の共和制移行論にみられたように、イギリス離れが進んでいる。これは、二一世紀を迎えるにあたって、エリザベス女王を頂点とした立憲君主制の政治体制を廃止し、オーストラリア人が自ら大統領を選ぶ共和制に移行しようとする試みである。イギリス離れは政治の世界だけでなく、消費活動やメディアなどにみられるように、日常生活にも及びつつある。食生活もこの風潮の例外ではない。

表7-1は日常的によく使われる食品の輸入量の変化を示したものである。[3] お茶は、One's cup of tea（=好み）や Tea break などの慣用句や習慣にみられるように、イギリスの日常生活に溶け込んでいる。オーストラリアでも Tea は夕食を表わすように、生活と密着したものであった。茶の輸入量

表 7-1　食品の輸入量の変化（1986-91年度）

（単位：1000kg）

	1986/87	1987/88	1988/89	1989/90	1990/91
パスタ	7,162	10,437	18,118	18,724	22,573
ビスケット	7,526	7,085	7,880	9,706	10,346
茶	19,673	19,125	19,017	17,889	16,664
コーヒー	33,428	39,732	38,243	38,063	42,467

出典：*Australian Processed Food and Beverages Industry 1991*, p. 19.

は、一九八六／八七会計年度に一万九六七三トンであったものが一九九〇／九一会計年度は一万六六六四トンと減少している。他方、パスタはよく知られているように、イタリアを代表する食べ物である。パスタの輸入量は一九八六／八七会計年度に七一六二トンであったものが一九九〇／九一会計年度には二万二五七三トンに三倍増している。[4] 加えてアジア的なものとして醬油の輸入量をあげると、一九八八年に三三九万六七〇六リットルであったものが九四年には四五六万七五一五リットルに増加している。[5]

ワインも南欧で広く飲まれており、イタリア料理やフランス料理には欠かせないものである。茶の消費量が減少傾向なのに対し、オーストラリアにおけるワインの消費は確実に伸びつつある。一人当たりのワインの消費量は一九六九／七〇会計年度には九・一キログラムであったが、一九八九／九〇会計年度には一八・三キログラムへ倍増している。

米は東アジアや東南アジア、南欧など、温暖な地域で広く食べられている穀物である。とくにアジア・モンスーンの食生活に深く結びついている。ワインの消費と同様に、オーストラリアにおける一人当たりの米の消費量は一九六九／七〇会計年度の二・五キログラムから一九八九／九〇会計年度の五・八キログラムへ急増した。ワインも米も、本来伝統的なイギリスの食生活ではあまり用いられないものである。

表7-2はレストランとパブの従業員数の変化を示したものである。[(6)]パブはイギリスの庶民の社交場として発展してきた。他方、レストランやカフェはフランスやイタリアからイギリスへ輸入されたものである。一九世紀のイギリスにおいて、レストランはあくまでも上流階級の社交場であり、庶民は専らパブへ通っていたとされる。[(7)]オーストラリアでは、一九七九／八〇会計年度から一九九一／九二会計年度の間にレストランとカフェの従業員数は倍増したが、パブとバーの従業員数は停滞している。これらのことから、オーストラリアの食生活において脱イギリス化が進行中であることが仮定できる。

表7-2　従業員数の変化（1979-92年度）

（単位：人）

レストランおよびカフェ	1979/80	1986/87	1991/92
男　性	24,554	37,507	52,370
女　性	35,148	46,894	68,382
合　計	59,702	84,401	120,752
パブおよびバー	1979/80	1986/87	1991/92
男　性	32,996	35,666	34,505
女　性	44,231	43,759	39,021
合　計	77,227	79,425	73,526

出典：*Hospitality Industries Australia 1991-92,* p. 13.

旧来のオーストラリア社会は、宗主国であるイギリスの社会をモデルにして形成された。同様に、オーストラリアの食生活もイギリス風の食生活が土着化したものであった。移民の国オーストラリアにおけるイギリス的な食生活から異質なものへの変化は、同国の内部から発生した変化というよりは、むしろ外食を日常的にさかんに行う移民の流入が何らかの影響を及ぼしたと考えるほうが自然であろう。

3　マルチカルチュラル・キュイジーヌ

一九四〇年代前半にはアングロ・アイリッシュ文化一色だったといわれるオーストラリア社会は、イタリアやギリシア、レバノンなどの地中海諸国からの大量の移民を受け入れたことによって、一世代ほどの短い期間に多民族化が進んだ。それまで質素な食生活を送っていたとされるオーストラリアにおいて、豊かな食文化をもっているこれらの移民がレストランやカフェなどの飲食産業に与えた影響は計り知れない。移民の文化の影響によって豊かになったとされるオーストラリアの食文化には、いくつかの特徴がある。

シモンズの食文化研究によると、ダーウィンやケアンズなどのサバナ気候の地域では、インド料理やタイ料理などのような香辛料が効いた料理が好まれるとされる。他方、メルボルンのように冷涼な地域では、フランス料理やイギリス料理といったマイルドな料理が好まれるとされる。パースやアデレードでは地中海料理、シドニーやブリスベンでは中国南部の料理といったように、気候と料理の嗜好は関連しているとされる(8)。

表7-3は主要都市におけるレストランの平均価格を示したものである(9)。二人で夕食を食べに行くとき、フランス料理は平均で九五ドルかかる。他方、ベトナム料理はフランス料理の三分の一以下の三〇ドルしかかからない。価格の高いフランス料理やイタリア料理、価格の安いベトナム料理やマレーシア料理というように、レストランは料理の原産地によって価格が異なっている。大まかな傾向をいうと、ヨーロッパ料理のレストランが高く、東南アジア料理のレストランが安い。

表 7-3　レストランの平均価格（1990年初頭）

（単位：オーストラリアドル）

料理の種類	価格
フランス	$95
シーフード（メルボルン）	$85
インターナショナル	$75
コンテンポラリー	$70
シーフード（シドニー）	$65
イタリア	$65
日　本	$55
ギリシア	$45
インド	$45
中　国	$45
タ　イ	$40
レバノン	$40
ベジタリアン	$35
マレーシア	$35
ベトナム	$30

注：飲料費を除く夕食二人分。
出典：Symons, *The Shared Table*, 1993, p. 157.

表 7-4　一世帯が週当たりに消費する外食費（1988/89会計年度）

（単位：オーストラリアドル）

出　身　地	金額
香　港	$34.09
カナダおよびアメリカ合衆国	$27.03
マレーシア	$19.77
ニュージーランド	$19.03
中　国	$16.70
インド	$14.61
ベトナム	$13.96
オーストラリア	$10.94
ギリシア	$9.71
イギリスおよびアイルランド	$9.14
オランダおよびドイツ	$9.07
ユーゴスラビア	$6.65
イタリア	$5.56
オーストラリア平均	$10.64

注：出身地別の純支出。ABS 調べ。
出典：Symons, *The Shared Table*, 1993, p. 116.

表7-4は移民の出身地別の外食費の違いを示したものである。(10) 一世帯が週に消費する金額を比較すると、香港出身者は三四・〇九ドルに対し、イタリア出身者は六分の一の五・五六ドルしか使っていない。このことから、香港やマレーシアなどのアジア出身の移民のほうがイタリアや旧ユーゴスラビアなどのヨーロッパ出身者よりも外食を好むことがわかる。

この外食の利用度であるが、興味深いことに、共働きの家庭の割合とほぼ一致する。一九九一年におけるオーストラリアの女性労働者の割合を出身地別に示すと、南欧出身者の女性労働者の割合は、イタリア出身者三八・一％、ギリシア出身者四八・五％という低い数値であった。他方、アジア出身者の割合は高く、ベトナム六七・六％、マレーシア六五・二％、シンガポール六〇・九％であった[11]。つまり、共働きの多い移民は外食を利用する機会が多いと推測される。

オーストラリアにおける移民の女性労働者の進出は、移民の出身地での進出度に類似している。一九九三年における一五歳以上の全女性にしめる女性労働者の割合は、オーストラリアで五一・八％であった。東南アジアや東アジアの割合も比較的高く、シンガポール五〇・六％（一九九三年）、香港四六・五％（一九九三年）であり、イギリスの四二・三％（一九九三年）よりも高い数値である。他方、南欧諸国の数値は低く、イタリア三〇・七％（一九九一年）、ギリシア二九・一％（一九九二年）であった[12]。

共働きの多い移民が外食機会の多いことと同様に、ホスト社会においても、共働きの家庭が増加すれば外食の機会が増えやすくなると思われる。オーストラリアの社会学者マッケイは、一九七〇年代以降、同国で外食の機会が増えたのは共働きの家庭やワーキング・マザーが増えたためであるとしている[13]。実際、オーストラリアでレストランが増加した時期は労働市場へ女性が活発に進出した時期と一致する。一九七七年にビクトリア州とニュー・サウス・ウェールズ州で制定された機会均等法(Equal Opportunity Act)にみられるように、オーストラリアのホスト社会は男女の雇用機会均等が進み、イギリス風の伝統的な家族形態は変化しつつある[14]。したがって、移民の流入がオーストラリアの外食産業を質的に変化させた一方で、このホスト社会の変化はオーストラリアの外食産業を量的に発展させるのに貢献したと考えられる。

4　エスニック・レストランの台頭

連邦国家が形成された一九〇一年以降、人種差別的な白豪主義政策のため、アジアからの移民は極端に少なかった。オーストラリアにおけるアジア系移民の渡航は、一九七六年一二月のベトナム難民の受け入れを皮切りに本格化した。移民といえば、経済的に貧しいというステレオタイプ的なイメージがつきまとうが、近年では一九九七年の中国返還を控えた香港からの裕福な移民がマスコミを賑わしている。近年移住者数が急増しているとはいえ、オーストラリアにおいてアジアからの移民はマイノリティである。しかし、飲食産業におけるアジア系移民の役割は重要である。

表7-5は、オーストラリアを代表する多民族都市、メルボルンにおけるレストランの内訳を年代別に比較したものである。(15)ここでは、メルボルン最大の新聞社、エイジ紙から出版されたレストランガイドに掲載されたレストランの数を集計して比較した。一九八五年に出版されたエイジのガイドブックでは、フランス料理やイタリア料理を代表とするヨーロッパ系レストランを集計したものが一四四軒であり、八七軒のアジア系レストランを引き離していた。ところが、九四年になると、アジア系一二八軒、ヨーロッパ系一〇一軒に変化し、両者の勢力は逆転している。

表7-5　年代別レストランの内訳(メルボルン)

(単位：軒)

	1985年	1994年
アジア	87	128
ヨーロッパ	144	101
アフリカ	0	2
アメリカ	3	4
オセアニア	3	6
多国籍料理	46	35
シーフード	19	10
ベジタリアン	21	2
その他	45	78
合　計	368	366

出典：*The Age Good Food Guide 1985/86, 1994/95.*

表 7-6　価格別レストランの内訳
（1994年）

（単位：軒）

	値段の高いレストラン	値段の安いレストラン
アジア	128	122
ヨーロッパ	101	54
アフリカ	2	3
アメリカ	4	6
オセアニア	6	0
多国籍料理	35	29
シーフード	10	2
ベジタリアン	2	9
その他	78	0
合　計	366	225

出典：*The Age Good Food Guide 1994/95, The Age Cheap Eats in Melbourne.*

表7-6は価格別にレストランの掲載件数を示したものである。表の左側はメルボルンにおける比較的値段の高いレストランを示している[16]。ここでは、レストランを料理の種類別に集計した。レストラン掲載数の割合は、三八軒の中華料理を筆頭とするアジア系が三四％でもっとも多く、続いて三六軒のイタリア料理を代表とするヨーロッパ系が若干少ない二七％であった。表の右側はメルボルンにおける比較的価格の安いレストランを示している[17]。掲載されたレストラン数は、アジア系が五四％、ヨーロッパ系が二四％であり、アジア系のレストランが過半数を超えている。高級なレストランと比較すると、アジア系のレストランにはヨーロッパ系のレストランよりも価格が安いものが多いことが分かる。この安くて美味しいことがアジア系レストランの急成長の大きな要因の一つと考えられる。

5　エスニック・レストランの潜在性

一般的に、新しく入ってきた移民は職場の近くに同郷者どうしが固まって生活するといわれる。この職住一致の要因の一つは、職場までの交通費を捻出するのが困難であるためであり、経済的に豊かになると移民の居住地域は徐々に郊外に移るといわれる。さらに、移民がまとまって生活することには、言語や宗教活動の面で故郷に住んでいたときと同様な日常生活を送ることができるというメリットがある。本来、移民国家においてエスニック・レストランはこのような移民の密集生活の状況下から生じた。

サンフランシスコのチャイナタウンやロスアンゼルスのリトル・トーキョーのような、大規模なエスニック・タウンはオーストラリアにも数多く存在する。たとえば、シドニーではカブラマッタ地区のリトル・サイゴン、メルボルンではライゴン通りのリトル・イタリー、ブリスベンではフォーティテュード・バレー地区のチャイナタウンなどがオーストラリア有数のエスニック・タウンとしてあげられる。これらの諸地域のいくつかは各都市の観光名所となっている。

メルボルンにおけるイタリアン・レストランの特色は、その数の多さである。レストラン数が多い理由は移民数が多いためと考えられるが、前述したように、イタリアン・レストランの経営が困難でないない。そのため、イタリア系移民だけではイタリアン・レストランの経営が困難であり、オーストラリア生まれの人びとや他の移民などがこれらのレストランを利用していると考えられる。近年増加が著しいアジア系レストランも、移民の総数に比べて店舗数が多いことから、ホスト社会の利用者が多いと推測される。

観光は「光を観る」というように、観光にとって景観を楽しむということは重要な要素である。他方、レストランはくつろいで食事をする場所である。あえて前者が目を楽しませるものであると定義すると、後者は舌を楽しませるものであろう。さらに、エスニック・レストランは味覚だけでなく、その民族色豊かな外見から観光客の視覚も刺激するであろう。そのため、観光資源としての活用が可能なのではなかろうか。

カブラマッタ地区やライゴン通りなどはそれぞれの都市を代表するエスニック・レストラン街として知られている。これらのエスニック・レストランが密集した地域では、料理を「食べる」レストランとしてだけでなく、さらに景観を「見る」レストランとして付加価値を付けることが可能である。つまり、料理の味や香り、温かさのみならず、独特な街の風景やそこに住む人びとの話し声などが観光客の五感すべてを刺激するのである。このようなエスニック・レストラン街を観光資源として活用するためには、各店舗の料理の素晴らしさに加え、観光客を引き付けるための魅力ある街づくりが重要なポイントになるであろう。

注

（1）本章は、一九九五年一〇月二一日に開催された日本観光学会第七二回全国大会で発表した資料を基にまとめたものである。

（2）山下清海『シンガポールの華人社会』大明堂　一九八八年　一三ページによると、これらの諸施設はエスニック集団の伝統文化を保持し、振興させる機能をもっている。

（3）Department of Industry, Technology and Commerce ed., *Australian Processed Food and*

Beverages Industry, Australian Government Publishing Service, Canberra, 1991, p. 19.

（4）*Ibid.*

（5）ＡＢＳデータベースによる統計資料。コード番号210310014 Soya sause から抽出。

（6）Castles, Ian, *Hospitality Industries Australia 1991-92,* Australian Bureau of Statistics, Canberra, 1994, p. 13.

（7）角山榮・川北稔編『路地裏の大英帝国』平凡社　一九八二年　二二八ページ。イギリスにおけるパブの歴史は、第九章が詳しい。

（8）Symons, Michael, *The Shared Table,* Australian Government Publishing Service, Canberra, 1993, p. 206.

（9）*Ibid.,* p. 157.

（10）*Ibid.,* p. 116.

（11）BIPR, *Community Profiles Italy Born,* Australian Government Publishing Service, Canberra, 1994, pp. 24-25. BIPR, *Community Profiles Greece Born,* 1994, p. 23. BIPR, *Community Profiles Singapore Born,* 1994, p. 21. BIPR, *Community Profiles Malaysia Born,* 1994, p. 19. BIPR, *Community Profile Viet Nam Born,* 1994. p. 21. イタリア、ギリシア、シンガポール、マレーシア、ベトナムは既婚女性の数値。主要英語圏、オーストラリアは女性全体。

（12）(財)矢野恒太郎記念会編『世界国勢図会一九九五／九六』国勢社　一九九五年　一一六～一一八ページ。

（13）Mackay, Hugh, *Reinventing Australia,* Angas & Robertson Publication, Sydney, 1993, p. 281.

（14）Encel, S. et al., *Australian Society 4th Edition,* Longman Chesher, Melbourne, 1988, p. 90.

(15) *The Age Good Food Guide 1985/86* および *The Age Good Food Guide 1994/95*, 一九九四年のインデックスからレストラン数を集計し、両者を比較。

(16) *The Age Good Food Guide 1994/95*, に掲載されているレストラン数の上位五種類は、中華三八軒、イタリア三六軒、フランス三五軒、インディビジュアル三一軒、インターナショナル三〇軒であった。

(17) *The Age Cheap Eats in Melbourne* のインデックスの部分を参考。

8　オーストラリアのエスニック・レストラン

今日、ファッションや芸術において、エスニック文化を基調としたさまざまな作品がみられる。なかには、エスニック調と呼ばれる生地の柄やエスニック風と呼ばれる音楽のスタイルなど、商品化が著しいものもある。伝統的な文化所産であっても、アボリジニの工芸品やインドネシアのガムラン音楽のように、商業化が進んでいるものがみられる。これらは土産物やアトラクションとして、重要な観光資源に位置づけられている。

現在、シドニーやニューヨークなどの大都市では、多種多様のエスニック・レストランが軒を連ねている。このような風景は、オーストラリアやアメリカなどの移民社会で日常的にみられるものである。移民社会とはいいがたい日本でさえも、一九八〇年代後半にはイタメシやタイメシと呼ばれるほどエスニック料理がブームになった。

1　エスニック・コミュニティと消費活動の諸研究

音楽や工芸品など、文化によって形成されたモノは文化所産と呼ばれる。文化は諸民族を形成する基底的なプログラムの部分であるため、それを他の民族に移植することはやさしいことではない。しかし、宇野善康（慶應義塾大学）は、文化によって形成された文化所産は本来の形を変えながらも他の民族に移植が可能であり、人類の共有財産になり得るとしている(1)。

民族を形成する根本的な要素である文化そのものは無形であるため、数量化して研究することは困難である。しかし、文化によって創り出された文化所産は数量化を用いた分析が可能である。そのため、多民族社会における移民の文化変容を、文化所産を媒体にして分析した研究もみられる。たとえば、リー（ブリティッシュ・コロンビア大学）とツェ（同大学）は、バンクーバーにおける香港移民の生活習慣の変化を、住居や衣類などの消費形態を媒体にすることによって研究している(2)。

世界各地の大都市において、チャイナタウンやリトル・イタリーのように、あるエスニック集団が固まり、他の集団との居住空間を変えて生活する「すみわけ現象」（residential segregation）がみられる。オーストラリアでも、シドニーのカブラマッタ地区にリトル・サイゴン、メルボルンのライゴン通りにリトル・イタリー、ブリスベンのフォーティテュード・バレー地区にチャイナタウンがある。

杉浦直（岩手大学）は「すみわけ論」を用いて、日系人のエスニック・コミュニティの分析をしている。杉浦によると、移民が経営している旅館や飲食店は新しい移民を受け入れる地区としての役割を果たすとしている(3)。「すみわけ論」とは、もともと生物学で動植物の生息地域を考察するハビタット研究から始まったものであり、現在では社会学や地理学でも幅広く応用されている(4)。

「すみわけ」は空間的な現象のみならず、社会的な現象でもある。山下清海（元秋田大学）は、移民の居住地域の「すみわけ」のみならず、移民と職業集団の一致についても解明している。山下もまた、西洋の教会や中国の廟と同様に、移民経営の飲食店はエスニック・コミュニティの中心的役割を果たすとしている。(5) さらに、カッスル（ウロンゴン大学）もまた、同国のイタリア系移民は他の移民よりも自営業を営む者が多いことを指摘している。(6)

以上の多文化社会や多民族社会を対象とした先行研究を参考にしながら、つぎに分析方法について述べる。

2　すみわけ理論の応用による文化所産の研究

本来すみわけ理論は、ホスト社会とエスニック・マイノリティとの分離状態やエスニック・コミュニティと彼らのコミュニティ・センターとの分布の同一性を導き出すために用いられた。しかし、ここではその応用として、レストランとコミュニティの分離現象を解明するために用いる。

表8-1は、基本的データを示したものである。レストラン数（R_1）は、一九九四年に出版された職業別電話帳『イエローページ』およびレストランガイドに掲載されたレストランの合計を示す。レストランガイドは、メルボルン最大の新聞社、エイジ社によって出版された『グッド・フード』と、『チープ・イーツ』を用いた。これらの出版物に掲載されたレストランをすべて数え上げ、複数の出版物に掲載されているものは一軒として数えた。

それぞれのレストランガイドに掲載されているレストランには特色がある。『グッド・フード』に

表 8-1　レストラン数とコミュニティ事務所数

	ベトナミーズ	グリーク	チャイニーズ	イタリアン	ジャパニーズ	インディアン	フレンチ	タイ
全レストラン数（R_1）	14	22	47	78	34	53	39	42
コミュニティ事務所数（C_1）	28	41	22	67	2	10	2	1
移民人口（×1000人）	45.3	72.4	44.8	113.2	4.7	21.2	3.9	3.0

注：レストラン数は1994年，コミュニティ事務所数は1992年，移民人口は1991年国勢調査の統計を使用．ただし，移民人口はビクトリア州全体のものを用いた．

チャイニーズの移民数は，中国，香港，シンガポール，台湾の合計．

レストラン数は『グッド・フード』『チープ・イーツ』『イエローページ』の合計．

コミュニティ事務所数は『エスニック・コミュニティ』の掲載数．

移民人口は，Hugo の *Atlas of the Australian People-1991 Census* を使用．


は高級で良く知られたレストランが掲載されており、アルコール飲料を給仕できるレストランが多い。[7]『チープ・イーツ』には安くておいしいレストランが掲載されており、料理を持ち帰り可能なレストランが多い。[8]さらに、『イエローページ』にはレストランガイドを書いた評論家が立ち寄っていない穴場的なレストランも含まれている。したがって、レストラン数（R_1）のデータは高級レストランから大衆的なレストランまで幅広くカバーしているといえるだろう。

　コミュニティ事務所数（C_1）は *Directory of Ethnic Community Organisations in Australia*（以下、『エスニック・コミュニティ』と略す）に掲載されたエスニック・コミュニティの事務所をエスニック別に集計したものである。このデータは、エスニック・レストランの特徴を顕在化させるために、前述のレストラン数（R_1）と対比させて用いる。ただし、R_1、C_1ともにメルボルン市およびその周辺の行政区の数値のみを引用した。[9]

　なお、レストランを便宜的にコミュニティ型とコマーシャル型に分類した。コミュニティ型レストランは、エスニック・コ

コミュニティ型：

レストラン数（R_1）≦コミュニティ数（C_1）

レストランの立地≒コミュニティの立地

コマーシャル型：

レストラン数（R_1）＞コミュニティ数（C_1）

レストランの立地≠コミュニティの立地

ミュニティを構成する人びとの利用が多いと思われるレストランである。このタイプでは、レストランとコミュニティが地理的に隣接したほうがコミュニティの構成員にとって便利である。そのため、このタイプではレストランとコミュニティの地理的分布の共通性があると推測される。

逆に、コマーシャル型はコミュニティの構成員による利用が少ないと思われるレストランを示す。つまり、ここではホスト社会や観光客、コミュニティ以外の移民などの利用が多いと考えられる。そのため、レストランとコミュニティの分布の共通関係が弱くなると推測される。さらに、移民の人口やエスニック・コミュニティの事務所数の割にレストラン数が極端に多いものは、移民以外のレストラン利用が多いと考えられるので、コマーシャル型に分類する。両タイプの分類は上記のように行う。

表8-2は、表8-1で示したデータをエスニック別に集計した結果である。重複レストラン数（R_2）は『エスニック・コミュニティ』に掲載されたコミュニティ事務所が存在する地区に立地しているレストランを示す。これは、レストランとコミュニティの立地の関係を表わすのに用いる。

レストラン比（R_1/C_1）は、エスニック・コミュニティに対するレストランの割合を示したものである。エスニック・レストラン数がコミュニテ

表8-2　レストラン比とコマーシャル度

	ベトナミーズ	グリーク	チャイニーズ	イタリアン	ジャパニーズ	インディアン	フレンチ	タイ
重複レストラン数（R_2）	13	16	33	42	14	7	2	1
レストラン比（R_1/C_1）	0.50	0.54	2.14	1.16	17.00	5.30	19.50	42.00
コマーシャル度（CL）	0.07	0.27	0.30	0.46	0.59	0.87	0.95	0.98

注：重複レストラン，レストラン比，コマーシャル度はメルボルン市および郊外の数値を使用．
レストラン比の単位（×１倍）　コマーシャル度の最高値は1.00．

$$\mathrm{CL}=\frac{R_1-R_2}{R_1}$$

$(0\leqq \mathrm{CL}\leqq 1)$

コミュニティ型：$\mathrm{CL}<0.5$

コマーシャル型：$\mathrm{CL}\geqq 0.5$

$$R_1/C_1=\frac{R_1}{C_1}$$

$(0\leqq R_1/C_1<\infty)$

コミュニティ型：$R_1/C_1\leqq 1.0$

コマーシャル型：$R_1/C_1>1.0$

イ数より少ないと、この数値は一より小さくなる。逆に、レストラン数の比率が高ければこの数値は大きくなる。ここでは、レストラン比の数値一倍をコマーシャル型とコミュニティ型を分類する基準にしたい。レストラン比は上記のように算出する。

コマーシャル度（CL）はエスニック・コミュニティとは関係が強くないと思われるレストランの指数を示したものである。コマーシャル度の最高値は一であり、数値が高くなればエスニック・コミュニティとの関係が弱いと推測される。ここでは、数値〇・五をコマーシャル型とコミュニティ型を分類する目安としたい。コマーシャル度は上記のように算出する。

3　エスニック・レストランとコミュニティの関係

前記の表8-1および2の数値をエスニック別にまとめると、つぎのような傾向がみられる。初めに、移民数が多いエスニック・レストランについて、ここでは、ベトナミーズ、グリーク、チャイニーズ、イタリアンの各レストランをとりあげた。

ベトナミーズ・レストランは合計一四軒であり、ベトナミーズ・コミュニティの事務所数は合計二八軒であった。コミュニティと重複しているレストラン（R_2）は一三軒であり、レストランとコミュニティの立地場所には非常に緊密な関係がみられる。レストラン比（R_1/C_1）は〇・五倍であり、エスニック・レストランはコミュニティ事務所と比べて少ない。コマーシャル度（CL）の数値は〇・〇七であり、極めて低い。これらのことから、ベトナミーズ・レストランは典型的なコミュニティ型といえる。[10]

グリーク・レストランは合計二二軒であり、コミュニティ事務所数は合計四一軒であった。コミュニティと重複しているレストランは一六軒であり、レストランとコミュニティの立地場所は一致する傾向がみられる。ベトナミーズ・レストランと同様に、グリーク・レストランのコミュニティ事務所に対する比率は低く、レストラン比は〇・五四倍であった。さらに、コマーシャル度も低く、数値が〇・二七であることから、グリーク・レストランもコミュニティ型に分類される。[11]

チャイニーズ・レストランは合計四七軒であり、コミュニティ事務所は合計二二軒であった。重複レストランは三三軒であり、レストランとコミュニティの立地場所はある程度類似する傾向がみられる。しかしながら、レストラン比が二・一四倍であり、コミュニティ事務所の割にレストランが多い。ただし、コマーシャル度は〇・三〇であり、さほど数値が高くないことから、チャイニーズ・レストランはコミュニティ型とコマーシャル型の中間型であるといえる[12]。

イタリアン・レストランは合計七八軒であり、コミュニティ事務所は合計六七軒であった。重複レストランは四二軒であり、半数以上のレストランがコミュニティ事務所が立地している地区にみられる。ただし、レストラン比は一・一六倍であり、チャイニーズ・レストランと同様に比較的高い数値である。さらに、コマーシャル度が〇・四六であることから、イタリアン・レストランはコマーシャル型に極めて近い[13]。

以上が、移民数が多いエスニック・レストランの傾向である。つぎに、移民の影響が極めて低いエスニック・レストランの代表的なものとして、ジャパニーズ、インディアン、フレンチ、タイの各レストランをとりあげた。

ジャパニーズ・レストランは合計三四軒であるのに対し、コミュニティ事務所はわずか二軒しかみられない。重複レストランは一四軒であり、全レストラン数の過半数を割っている。レストラン比は一七倍であり、チャイニーズ・レストランよりもはるかに高い数値である。さらに、コマーシャル度が〇・五九であることから、ジャパニーズ・レストランはコマーシャル型に分類される[14]。

インディアン・レストランは合計五三軒であるのに対し、コミュニティ事務所は一〇軒であった。重複レストランは七軒であった。レストラン比は五・三倍であり、コマーシャル度は〇・八七であっ

た。インディアン・レストランはコマーシャル型に分類される。(15)

フレンチ・レストランは合計三九軒であり、コミュニティ事務所はジャパニーズ・コミュニティと同数の二軒であった。重複レストランもまた二軒であり、ジャパニーズ・レストランよりもさらに少ない。レストラン比は一九・五倍、コマーシャル度は〇・九五であり、極めて高い数値であることから、フレンチ・レストランは典型的なコマーシャル型であるといえる。(16)

タイ・レストランは合計四二軒であるのに対し、コミュニティ事務所はわずか一軒しかない。重複レストランは一軒であり、サンプルのなかではもっとも少ない。レストラン比は四二倍、コマーシャル度は〇・九八であり、ここでとりあげたなかでの最高値を示した。タイ・レストランもまた、フレンチ・レストランと同様に典型的なコマーシャル型である。(17)

4　エスニック・レストランの商業化プロセス

前記のデータによると、エスニック・コミュニティの事務所数は移民の人口と比例する関係がみられるのに対し、エスニック・レストランはそうではない。つまり、移民には外食産業のなかで目立つ者とそうでない者がいる。ベトナミーズ・レストランやグリーク・レストランは典型的なコミュニティ型に分類され、ホスト社会に対する相対的な影響力はさほど大きくないと思われる。チャイニーズ・レストランやイタリアン・レストランはある程度商業化が進んでおり、コミュニティ型とコマーシャル型の中間型に位置づけられる。とくに、イタリアン・レストランは移民数が多いグループのなかではコマーシャル化が進んでいる。

一般的に、滞在期間が長い移民はそうでない移民よりもホスト社会との交流が活発になるといわれる。そのため、滞在期間の長い移民のエスニック・レストランはコマーシャル化が進むと仮定される。オーストラリアでは、一九五〇年代以降にイタリア系移民が増加し、七〇年代末からベトナム系移民が急増した。そのため、イタリアン・レストランがベトナミーズ・レストランよりもコマーシャル化が進んでいるのはこの通説の典型的な例である。

しかし、前述の結果のように、近年急増したチャイニーズ・レストランのほうが移民の歴史が古いグリーク・レストランよりもコマーシャル化が進んでいるという逆転現象もみられる。つまり、コミュニティ型からコマーシャル型へのレストランの移行の速度は必ずしも一律ではない。そこで、チャイニーズ・レストランの場合、エスニック・レストランのコマーシャル化を加速させるための何らかの要因があったと推測される。

チャイニーズ・レストランのコマーシャル化が極端に早いのは、中国系移民の強い資本力によるものだと思われる。中国系移民には前述したビジネス移民や技術者移民が多い。一九八四年から八七年までのビジネス移民の調査によると、調査対象二四七一人のうち、半数以上は華人を含む中国系移民であったとされる[18]。そのため、ホスト社会の利用客を呼び寄せるために十分な料理を作り出す技術や卓越したレストラン経営の手腕など、コマーシャル化のために有利な資質をもっていたと考えられる。

以上の移民数が多いエスニック・レストランには、多少なりともエスニック・コミュニティの影響がみられる。他方、ジャパニーズ・レストランやインディアン・レストラン、フレンチ・レストラン、タイ・レストランなど、移民数が少ないエスニック・レストランは典型的なコマーシャル型を示している。これは、移民の利用が少なく、初めからホスト社会を対象とした経営を余儀なくされたためだと思われる。ただし、交通手段が発達した今日では、移民やホスト社会以外の影響も考慮に入れる必要があるだろう。

たとえば、ジャパニーズ・レストランの場合、海外駐在員や観光客などの利用なども考えられる。しかし、日本からの観光客の訪問先はシドニーやゴールド・コースト、ケアンズなどに偏在しているので、メルボルンでは観光客の影響はさほど大きくない[19]。しかも、九三年にオーストラリアを訪問した日本人は約七〇万人いたが、そのうちビジネス目的の者は三％にしか過ぎなかったので、海外駐在員の影響も小さいと考えられる[20]。

初めに述べたように、アボリジニの美術やインドネシアのガムラン音楽など、伝統的な文化所産であっても商業化が進んでいるものがみられる。本章はレストランといったごく限られた文化所産を対象にしてきた。今後の課題として、ここで用いた手法をさらに発展させ、衣類や住居など、さまざまな文化所産の商業化の研究にも応用していきたい。

注

（1）宇野善康「異文化間屈折理論の構想と適用」『第五回幕張夏季セミナー　異文化コミュニケーションの教育と研究』神田外語大学異文化コミュニケーション研究所　一九九五年　四一ページ

（2）Lee, Wei-Na and Tse, David, K., "Becoming Canadian," *Pacific Affairs*, Vol. 67, No. 1, University of British Columbia, BC, 1994, pp. 83-84.

（3）杉浦直「シアトルにおける日系人コミュニティの空間的展開とエスニック・テリトリーの変容」『人文地理』第四八巻第一号　人文地理学会　一九九六年　一一ページ

（4）生物学におけるすみわけ（habitat segregation）とは、類似した生活様式の複数の生物種が空間的あるいは時間的に異なる場所で生活している現象を指す。住んでいる場所が異なっている場合は空間的すみわけ、活動時刻が異なっている場合は時間的すみわけ、食物が異なっている場合は栄養的すみわけと分類される（三島次郎『生物誌からのエコロジー』玉川大学出版部　一九九四年　一〇〇ページ）。

（5）山下清海『シンガポールの華人社会』大明堂　一九八八年　七七ページ

（6）Castle, Stephan et al., *Australia's Italians*, Allen & Unwin, Sydney, 1992, p. 75.

（7）オーストラリアでは、販売や給仕など、アルコール飲料に対する規制が厳しい。そのため、オーストラリアのレストランは、アルコール飲料の給仕スタイルによってある程度格付けができる。アルコール飲料を給仕できる許可証をもっているレストラン（licensed）は値段が高く、高級なものが多い。つぎのランクには、アルコール飲料は給仕しないが、客が店内へ持ち込むことが可能なＢＹＯ（Bring Your Own）がある。

（8）オーストラリアでは、持ち帰りの料理テイク・アウトのことをテイク・アウェイ（Take Away）

と呼ぶ。持ち帰りはファースト・フード的な専門店のほかに、テーブル数が少ない小規模なレストランでも行われている。

(9) メルボルンにおける行政区は以下のとおりである。分類は、Hugo の *Atlas of the Australian People Victoria* に基づく。カッコ内は行政区の通称および代表的な地区名を示す。

メルボルンおよび近郊：Collingwood (Abbotsford), Fitzroy, Melbourne-Inner (City), Melbourne-Remainder (Carlton, East Melbourne, Jolimont, North Melbourne, West Melbourne), Port Melbourne, Prahran (Armadale, South Yarra, Toorak, Windsor), Richmond, South Melbourne (Albert Park, Middle Park), St. Kilda.

メルボルン郊外：Altona, Berwick, Box Hill (Surry Hills), Brighton, Brunswick (Moreland), Broadmeadows, Bulla, Camberwell (Balwyn, Canterbury), Caulfield (Elsternwick, Glen Huntly, Ormond), Chelsea, Coburg (Pascoe Vale), Cranbourne, Croydon, Dandenong, Diamond Valley, Doncaster and Templestowe, Eltham, Essendon (Moonee Ponds), Flinders, Footscray, Frankston (Seaford), Hastings, Hawthorn, Healesville, Heidelberg (Ivanhoe), Keilor, Kew, Lillydale, Malvern (Glen Iris), Melton, Moorabbin (Bentleigh), Mordialloc, Mornington, Northcote, Nunawading (Blackburn), Oakleigh (Clayton), Pakenham, Preston (Darebin, Fairfield), Ringwood, Sandringham (Beaumaris, Hampton), Sherbrooke, Sunshine, Springvalle (Keysborough), Wantirna (Boronia), Waverley, Werribee, Whittlesea, Williamstown.

(10) ベトナミーズ・レストランの立地地域と立地軒数は以下のとおりである。カッコ内はそれぞれの地域のエスニック・レストラン数を示す。

Collingwood (2), Richmond (7), Box Hill (1), Footscray (3), Springvalle (1).

ベトナミーズ・コミュニティの立地地域と立地軒数は以下のとおりである。

Collingwood (1), Melbourne-Inner (1), Richmond (5), Altona (1), Broadmeadows (2), Essendon (4), Footscray (5), Kew (4), Nunawading (1), Springvalle (3), Werribe (1).

(11) グリーク・レストランの立地地域と立地軒数は以下のとおりである。

Collingwood (3), Fitzroy (1), Melbourne-Inner (2), Melbourne-Remainder (2), Prahran (2), Richmond (3), Box Hill (1), Brighton (1), Brunswick (1), Doncaster and Templestowe (1), Footscray (1), Kew (1), Malvern (1), Northcote (1), Ringwood (1).

グリーク・コミュニティの立地地域と立地軒数は以下のとおりである。

Collingwood (1), Fitzroy (2), Melbourne-Inner (2), Melbourne-Remainder (3), Prahran (1), Richmond (1), South Melbourne (3), Altona (1), Box Hill (1), Brunswick (3), Broadmeadows (1), Coburg (2), Dandenong (1), Doncaster and Templestowe (3), Essendon (1), Heidelberg (1), Keilor (2), Moorabbin (2), Oakleigh (4), Preston (3), Sunshine (1), Springvalle (1), Werribee (1).

(12) チャイニーズ・レストランの立地地域と立地軒数は以下のとおりである。

Melbourne-Inner (20), Melbourne-Remainder (2), Prahran (2), South Melbourne (1), St. Kilda (1), Camberwell (1), Caulfield (1), Chelsea (1), Dandenong (1), Doncaster and Templestowe (5), Hawthorn (1), Heidelberg (1), Lillydale (1), Malvern (2), Moorabbin (1), Oakleigh (1), Sandringham (1), Springvalle (1), Waverley (2), Williamstown (1).

チャイニーズ・コミュニティの立地地域と立地軒数は以下のとおりである。

Melbourne-Inner (11), Melbourne-Remainder (4), Camberwell (1), Caulfield (1), Dandenong

(1), Doncaster and Templestowe (1), Preston (1), Springvalle (1), Waverley (1).

(13) イタリアン・レストランの立地地域と立地軒数は以下のとおりである。

Collingwood (1), Fitzroy (6), Melbourne-Inner (12), Melbourne-Remainder (16), Port Melbourne (1), Prahran (14), South Melbourne (6), St. Kilda (2), Brighton (4), Camberwell (1), Croydon (2), Essendon (1), Footscray (1), Frankston (1), Hastings (1), Hawthorn (1), Healesville (1), Malvern (1), Oakleigh (1), Ringwood (1), Sandringham (1), Waverley (3).

イタリアン・コミュニティの立地地域と立地軒数は以下のとおりである。

Fitzroy (4), Melbourne-Remainder (4), Prahran (2), Altona (2), Box Hill (1), Brunswick (8), Broadmeadows (2), Bulla (1), Camberwell (1), Coburg (9), Croydon (1), Dandenong (2), Diamond Valley (1), Doncaster and Templestowe (3), Essendon (5), Flinders (2), Footscray (2), Heidelberg (1), Keilor (2), Kew (1), Lillydale (1), Moorabbin (1), Northcote (1), Nunawading (2), Preston (4), Sandringham (1), Werribee (2), Whittlesea (1).

(14) ジャパニーズ・レストランの立地地域と立地軒数は以下のとおりである。

Fitzroy (1), Melbourne-Inner (14), Melbourne-Remainder (2), Prahran (6), South Melbourne (2), St. Kilda (2), Brighton (1), Caulfield (1), Coburg (1), Doncaster and Templestowe (1), Oakleigh (1), Ringwood (1), Wantirna (1).

ジャパニーズ・コミュニティの立地地域と立地軒数は以下のとおりである。

Melbourne-Inner (2).

(15) インディアン・レストランの立地地域と立地軒数は以下のとおりである。

Fitzroy (5), Melbourne-Inner (2), Melbourne-Remainder (3), Port Melbourne (1), Prahran

(3), Richmond (5), South Melbourne (2), St. Kilda (1), Brighton (2), Camberwell (2), Caulfield (2), Doncaster and Templestowe (3), Essendon (1), Footscray (1), Frankston (1), Hawthorn (2), Heidelberg (1), Kew (2), Malvern (1), Melton (1), Moorabbin (2), Northcote (1), Nunawading (2), Preston (1), Sandringham (1), Springvalle (1), Wantirna (3), Waverley (1).

インディアン・コミュニティの立地地域と立地軒数は以下のとおりである。

Melbourne-Inner (2), Brunswick (1), Caulfield (1), Eltham (1), Frankston (2), Malvern (2), Waverley (1).

(16) フレンチ・レストランの立地地域と立地軒数は以下のとおりである。

Fitzroy (3), Melbourne-Inner (5), Melbourne-Remainder (7), Prahran (11), Richmond (1), South Melbourne (3), St. Kilda (2), Camberwell (2), Kew (1), Malvern (2), Mornington (1), Nunawading (1).

フレンチ・コミュニティの立地地域と立地軒数は以下のとおりである。

St. Kilda (1), Springvalle (1).

(17) タイ・レストランの立地地域と立地軒数は以下のとおりである。

Collingwood (1), Fitzroy (8), Melbourne-Inner (2), Melbourne-Remainder (5), Prahran (4), Richmond (2), South Melbourne (3), Box Hill (1), Camberwell (1), Caulfield (1), Doncaster and Templestowe (1), Frankston (1), Hawthorn (1), Kew (1), Malvern (3), Northcote (1), Nunawading (1), Ringwood (1), Sandringham (1), Wantirna (1), Waverley (1), Williamstown (1).

タイ・コミュニティの立地地域と立地軒数は以下のとおりである。

Box Hill (1).

（18） Bureau of Immigration Research ed., *Expectaton and Experiences A Study of Business Miglants*, Australian Government Publishing Service, Canberra, 1990, pp. 16-17.

（19） Bureau of Tourism Research ed., *Japanese Tourism in Australia 1990*, BTR, Canberra, 1990, pp. 52-53.

（20） Bureau of Tourism Research ed., *International Visitor Survey 1993*, BTR, Canberra, 1994, p. 26.

9　観光教育

オセアニアの多くの国々にとって、観光はまさに基幹産業である。とくに、資源が乏しく、製造業が発展していない島嶼部の国々は観光によって国家財政が支えられているといっても過言ではない。資源大国であるオーストラリアでさえ、一九八五年頃から観光収入は鉄鉱石の輸出に肩を並べ、九〇年代に入るとこの国最大の外貨収入源になった。一九九二／九三会計年度では、オーストラリアへ訪れた観光客は三〇〇万人であり、この国の経常収支の一〇％を占め、八四億ドルの外貨収入を得た(1)。オセアニア地域の国々では、観光産業の発達に伴い、その産業を支える人材の教育が必要になってきた。

オセアニア地域における観光やレジャー教育のコースを研究したものに、大阪体育大学が九〇年にまとめた『新しい学問領域としての余暇・観光科学の可能性』(2)がある。ここでは、シドニーやキャンベラ、メルボルンなど、オーストラリア東海岸の観光系教育機関に加え、ニュージーランドの余暇教育も研究対象としている。ところが、九〇年以降本格的に導入された統一システム政策に伴うオーストラリアの高等教育機関の統廃合により、同国の教育環境は大転換した。つまり、教育系の高等教育機関（ＣＡＥ）や理工系の高等教育機関を総合大学へ急速に統合したことにより、以前の教育機関の名称が変わってしまったのである。この例として、キャンベラ大学やシドニー工科大学、グリフィス大学、クィーンズランド工科大学、エディスコーワン大学、カーティン工科大学、バララット大学などがあげられる。キャンベラ大学は九〇年にキャンベラＣＡＥから大学へ再編成され、シドニー工科大学は九〇年にクーリン・ガイＣＡＥとシドニーＣＡＥが母体となって設立された。(3) グリフィス大学もまた、九〇年に隣接するブリスベンＣＡＥを統合することによって学部を増設した。

さらに、オーストラリアにおける国公立の専門学校ＴＡＦＥの増設もまた、同国の教育地図を大きく塗り替えた。全国的に導入されたＴＡＦＥであるが、各州の教育行政機関が提供しているインターネット上の教育案内によると、ＴＡＦＥの組織的な位置づけは州によって多少異なっているようである。西オーストラリア州では、各地に分散するＴＡＦＥをあたかも日本のタコ足型大学のキャンパスのように位置づけている。逆にビクトリア州では各ＴＡＦＥの独立性が高い。なかには、ＲＭＩＴ(Royal Melbourne Institute of Technology)のように大学課程とＴＡＦＥ課程の両方を設置している高等教育機関も存在する。オーストラリアにおける大学やＴＡＦＥの増設は、この国における高等教育機関への進学者の増加を反映したものである。ＴＡＦＥの在籍者は八六年に八八万七〇〇〇人だったものが九一年には九八万六〇〇〇人に増加した。大学の在籍者は八六年に四〇万人だったものが九一年には五四万人に増加した。(4)

オーストラリアと同様に、ニュージーランドでも高等教育機関への進学熱が高まっている。ニュージーランド統計局の資料によると、この国の大学在籍者は九〇年に七万八五五九人であったものが九二年には九万三一八二人に増加した。さらに、ポリテクニックの在籍者は九〇年に五万六二二七人であったものが九二年には九万八六四六人に急増した。(5) オーストラリアやニュージーランドの大学、TAFE、ポリテクニックにみられるように、オセアニア地域の高等教育機関は公立校が中心的な役割を演じてきた。しかし、オーストラリアのボンド大学や、アメリカのコーネル大学との提携校であるオーストラリアン・インターナショナル・ホテルスクール、ニュージーランドのインターナショナル・パシフィック・カレッジなど、私立の高等教育機関が徐々に設立されつつある。さらに、サウス・パシフィック大学の拡充など、オセアニア地域の教育事情は大きな変化を続けている。

本章の前半は、オセアニア地域における観光教育機関を研究する上で有意義であると思われる基礎的資料の紹介を目的としている。高等教育機関に関するインターネットのホームページ・アドレスを表示した。なお、掲載した資料は、そのほとんどが九六年九月に集めたものである。他方、後半部は観光客の利用が多くみられ、観光資源として貢献している文教施設の紹介を目的としている。文教施設の諸事例は、そのほとんどが九八年三月に著者が訪問したときの体験を基に執筆したものである。

1 観光教育機関の概観

オーストラリアの大学で、インターネットのホームページをもっているものは九六年九月一五日の時点で合計三八校ある。教育情報誌を発行しているマガブック社の資料によると、九五年にオーストラリアでホスピタリティまたはツーリズムのコースをもっている大学は二〇大学二一キャンパスあるとされる。[6] このうち、インターネットのホームページに観光学のコースを掲示していたのは一九校であった。九〇年には八大学しか観光やレクリエーションコースをもっていなかったことを考えると、わずか六年でこのように増加したことは驚くべきことである。[7] 観光学コースがある前述の一九大学は大学案内に関するEメールのアドレスをもっていたので、さらに詳しい情報を大学から直接知らせてもらうことが可能である。なお、ウロンゴン大学の観光学コースは九六年度は休講中のため、ホームページには記載されていなかった。ラトローブ大学の観光学コースはマガブック社の大学案内には掲載されていたが、ホームページにはみられなかった。したがって、これらの大学は前記のホームページの合計数から除いている。

オーストラリアにおける観光学コースはいわゆるドーキンス大学群と呼ばれる新設大学に多い。地域的には大学の絶対数が多いニュー・サウス・ウェールズ州が六校でもっとも多く、クィーンズランド州五校、ビクトリア州四校、ACT一校、北部準州一校、南オーストラリア州一校、西オーストラリア州一校と続いている。クィーンズランド州は観光産業に大きく依存していることもあり、観光コースをもっている大学の比率が極めて高い。なお、九六年におけるこの州の大学でホームページを確認できたものは七校であった。

マガブック社の資料をみると、九五年におけるTAFEはオーストラリア全土で六三校掲載されている。[8] TAFEにおける観光学コースの合計数は不明であるが、インターネットのホームページに掲載されているのは少なくとも二四校あった。[9] ただし、Eメールのアドレスを掲示しているものは少なく、後で紹介する九校しか確認できなかった。ホームページをもっているTAFEを地域別に分けると、ビクトリア州一〇校、クィーンズランド州五校、西オーストラリア州五校、ニュー・サウス・ウェールズ州一校、南オーストラリア州一校、タスマニア州一校、ACT一校であった。観光学コースをもっているTAFEは、一見ビクトリア州が多いようにみえる。しかし、これはクィーンズランド州や西オーストラリア州などと違って各カレッジが個別にホームページをもっているため、学校のコースやカリキュラムを紹介するためのより詳しい情報が掲載されたからと思われる。

九六年現在、ニュージーランドの大学は全国で合計七校あり、そのすべてがホームページをもっていた。ホームページに観光学コースを掲載しているのはリンカーン大学だけであったが、カンタベリー大学やビクトリア大学、オタゴ大学にも観光コースがあるとされる(10)。前記のように、オーストラリア、ニュージーランドともに観光学コースをもっている大学は全大学数の過半数を超えている。このことから、両国がいかに観光教育に力を入れているのか伺えよう。

『留学ジャーナル』誌でお馴染みのICS社の資料によると、九三年現在ニュージーランドには国立の高等教育機関であるポリテクニックが二四校あるとされる(11)。ニュージーランドの場合、ホテル・マネージメントなどの実践的な教育はポリテクニックで行われる。オーストラリアではアカデミックなことは大学、実務的なことはTAFEというように分けられているが、ニュージーランドでは大学とポリテクニックの関係がこれに相当する。ニュージーランドのポリテクニックで九六年にホームページをもっていたものは一二校である。そのうち観光学コースをもっているものは少なくとも九校あり、さらに、観光学コースについて問い合わせられるEメールをもっているものは八校あった。[12] 観光学コースがある大学とポリテクニックの分布をみると、ウエリントン四校、ダニーデン二校、クライストチャーチ一校、ネルソン一校、ニュープリマス一校、オークランド一校、ロトルア一校、ハミルトン一校、ワンガレー一校であった。人口の多いオークランドやクライストチャーチではなく、首都のウエリントンに多く設置されていることがニュージーランドの観光学コースをもつ高等教育機関の分布の特徴である。

オセアニアの島嶼部をみると、サウス・パシフィック大学に観光学コースが設置されている。この大学は一二地域にまたがるタコ足型大学である。フィジーやトンガ、西サモア、ソロモン諸島、ナウル、バヌアツ、キリバス、ツバル、マーシャル諸島のほかに、ニュージーランドの海外領土にもキャンパスをもっている。なお、サウス・パシフィック大学のホームページは作成中であったため、観光学コースのカリキュラムを詳しく調べるためには直接大学とコンタクトをとる必要がある。

2　高等教育機関のホームページ

インターネットを使うとき、ヤフーやアルタ・ビスタなどのホームページ検索サービスが便利である。ただし、検索の絞り込みをうまく行わないと、膨大な数のホームページのリストから希望する高等教育機関を探さなくてはならない。そのため、マガブック社のホームページやオーストラリアのミラネット、ビクトリア州のヤラネットなどの地元のネットワークを使うとより早く高等教育機関のホオーストラリアの教育一般：

http://www.magabook.com.au/

オーストラリアの大学：

http://werple.mira.net.au/%7Earagorn/uni-aust.html

オーストラリアのTAFE[13]：

http://www.niceeasy.com.au/tafe.html

クィーンズランド州のTAFE：

http://tafe.qld.edu.au/

ビクトリア州のTAFE：

http://www.yarranet.au/tafe.htm

西オーストラリア州のTAFE：

http://www.devetwa.edu.au/

ニュージーランドの教育一般：

http://www.cwa.co.nz/edu/nzed.html

ニュージーランドの大学：

http://vif2.icair.iac.org.nz//list.html

ニュージーランドのポリテクニック：

http://collegenet.com/cn/geograph/nz.html

サウス・パシフィック大学：

http://www.usp.ac.fj/

ームページへアクセスすることができる。さらに、これらの使用によって、より少ない回数のネット・サーフィンで希望する地域や分野のホームページへのアクセスが可能になる。

たとえば、オーストラリアのマガブック社のホームページは初等教育から高等教育まで幅広く扱っており、さらに州別の教育機関の分類も行っているので、検索するときに便利である。ニュージーランドのCWA（Copeland Wilson & Associates）のホームページもまた、初等教育から高等教育まで扱っており、さらに博物館などの文教施設へもたやすくアクセスすることができる。つぎに、高等教育機関のホームページにアクセスするのに便利なものを示した。

大学のホームページの情報はかなり充実しているが、それ以外の高等教育機関のなかには整備中のものがみられる。さらに、ホームページは印刷物よりも早く情報を伝えられるとはいえ、かなり前に作成したものがみられる。そこで、調査を希望する教育機関がすでに決まっている場合、Eメールで直接連絡をとることが薦められる。前述したニュージーランドのCWAはEメールのアドレスも表示しているので、便利な情報源である。加えて、ホームページ検索サービスであるインフォシークのEメール検索を使うと、ホームページをもっていない教育機関でも資料を請求することが可能である。オセアニア地域の高等教育機関について、より詳しい資料をより早く請求する場合、以下の所への連絡が可能である。

オーストラリアの大学[14]：

Bond University (Qld), Central Queensland University (Qld), Charles Sturt University (NSW), Edith Cowan University (WA), Griffith University (Qld), James Cook University (Qld), Monash University (Vic), Northern Territory University (NT), Royal Melbourne Institute of Technology (RMIT) University (Vic), Southern Closs University (NSW), University of Ballarat (Vic), University of Canberra (ACT), (The) University of Newcastle (NSW), (The) University of New South Wales (NSW), (The) University of Queensland (Qld), University of South Australia (SA), (The) University of Technology, Sydney (NSW), University of Western Sydney (NSW), Victoria University of Technology (Vic)

TAFE：

Box Hill Institute of TAFE (Vic), Canberra Institute of Technology (ACT), Casey Institute of TAFE (Vic), TAFE New South Wales (NSW), TAFE Queensland (Qld), TAFE South Australia (SA), TAFE Tasmania (Tas), Wangaratta College of TAFE (Vic), William Angliss Institute of TAFE (Vic)

その他オーストラリアの高等教育機関：

Australian International Hotel School (ACT), Northern Melbourne Institute (Vic)

ニュージーランドの大学[15]：

Lincoln University (Wellington), University of Canterbury (Christchurch), University of Otago (Dunedin), Victoria University of Wellington (Wellington)

ニュージーランドのポリテクニック：

Central Institute of Technology (Wellington), Nelson Polytechnic (Nelson), Otago Polytechnic (Dunedin), Taranaki Polytechnic (New Plymouth), UNITEC Institute of Technology (Auckland), Wellington Polytechnic (Wellington), Waiariki Polytechnic (Rotorua), (The) Waikato Polytechnic (Hamilton)

その他ニュージーランドの高等教育機関：

International Pacific College (Palmerston North)

オセアニア島嶼の高等教育機関[16]：

University of the South Pacific (Fiji)

3　多文化社会の文教施設

「観光は平和へのパスポート」と呼ばれて久しい。諸外国を旅することは異文化理解のための良い機会となるが、民族文化をテーマとした文教施設を訪問することもまた、訪問者が擬似的に異文化体験をする機会をもたらす。旧ユーゴスラビアやアフガニスタン、コンゴなどにみられるように、冷戦後の世界各地では民族紛争や民族対立が絶えないが、これらの対立の原因として、宗教や言語、生活習慣の違いなど、さまざまな原因があげられている。しかしながら、民族問題の根本的な原因は他の民族への不寛容さであるのではないだろうか。そのため、異なった民族文化へ対する寛容性を高めることが平和への最重要課題であると考えられる。

一般的に多民族社会は同質的な社会よりも民族対立が起こりやすいと考えられていた。しかし、多文化主義を基調とするエスニック政策を一九七〇年代から行っているカナダやオーストラリアでは、他の地域よりも民族関係が良好のようである。両国では第二次大戦後に移民出身地域が多様化し、急速に民族間の差異が顕在化してきたために、民族対立の危険性を孕むようになった。対立を防止するために予防薬として、カナダのトルドー政権（一九六八～七九、八〇～八四年）やオーストラリアのホイットラム政権（一九七二～七五年）が導入したのが多文化政策であった[17]。

多文化主義は諸民族の文化の良いところをお互いに認めていくものであるため、民族間の相互理解が必要条件である。さらに、異文化理解のためには相手の民族文化に関する知識が不可欠であるため、その第一歩として異文化交流が重要であると考えられる。より良い相互理解や異文化交流のためには一種の教育が必要である。文化の多様性をテーマとした博物館などの文教施設や民族文化を直に触れられる体験型エスニック観光、異文化交流を目的としたイベントなどは異文化理解のために一役買っていると考えられる。

オーストラリアにおける例をあげると、連邦政府は民族の多様性を肯定的にとらえ、サービス産業における移民や先住民の活躍に注目しつつある。連邦政府のいくつかの省庁からはエスニック・グループの活躍に関する調査報告書が出されている。たとえば、移民・多文化・人口調査ビューロー（BIMPR）は、英語以外の言語を話す人びとの観光産業における役割を高く評価する報告を出版している[18]。総理府の多文化問題担当局は英語圏以外の人びとに関するさまざまな調査を行っているが、九〇年代になると少数民族による芸術などの活動もまた調査している[19]。

多文化主義をモットーとしている美術館や博物館は異文化交流のための橋渡しとなっている。シドニーのユダヤ博物館やメルボルンのチャイニーズ博物館などは諸民族の架け橋になり、異文化理解に貢献している[20]。キャンベラの国立美術館のような先住民文化を理解するための文教施設も全国的に充実している[21]。さらに、個別のエスニック・グループを対象とした施設だけでなく、アデレードの移民博物館のように多文化社会の形成過程を歴史的に展示している場合もある。九八年三月の時点では、メルボルンでも移民博物館が同年一〇月の開館に向けて建設中であった。

アデレードの移民博物館には常設館と別館があり、別館では主に体験型のアトラクションを展示している。常設館では資料やジオラマ見学のほかに、簡単な時代別の入国テストを体験できる。たとえば、連邦政府が結成された一九〇一年の展示室に入るとき、イギリス人の訪問者がテストを受けると「入場」の表示が出るが、日本人の訪問者がテストを受けると民族差別的な白豪主義政策のために「退場」の赤いランプが点灯する。別館の展示はより刺激的なものであり、心臓の悪い方が入場しないための注意書が掲示されていた。たとえば、九八年三月におけるアトラクションは戦争と人権であり、監獄を模した展示会場を脱出する仕掛けになっていた。入り口で鍵を預かり、鉄柵で囲まれたブースを進んでいくのであるが、一度入場すると後ろの扉は閉ざされて後戻りできない。ベトナム戦争やポルポト政権の虐殺など、かなりショッキングな映像をみなければ前方の鍵が開かない仕組みになっていた。つまり、抑圧された国々から脱出し、難民キャンプで保護され、自由の国オーストラリアで開放されるというシナリオになっていた。

アデレードの移民博物館は入場無料のため、善意の人びとによる献金や館内売店の売上げが重要な運営源である。そのため、博物館が編纂した移民に関する著作やそれらの販売も行っている。売店ではインド系やドイツ系などのさまざまな民族の学芸員が展示物のみならず、書籍に関する説明をしていた。この博物館では、連邦政府の芸術・スポーツ・環境・観光・領土省や移民・人口調査ビューロー（BIPR）などと共同で、八五の国や地域から移住してきた庶民や先住民の自伝的な体験談をまとめている。(22)

メルボルンの移民博物館は九八年三月の時点では建設中であったため、ビクトリア州立博物館の学芸員が建設現場の隣りのビルで設立に向けて事務的な作業を行っていた。しかし、同博物館に対する関心は高く、モナッシュ大学のオーストラリア研究センターでは、オーストラリア理解教室で学ぶ学部生や大学院生を引き連れて開館前の施設を訪問していた。同センターの大学院観光プログラムには、博物館論や文化観光論、国際関係論、および諸外国の地域研究などが含まれている。(23)そのため、これらカリキュラムの要素を包括し、なおかつメルボルンの中央駅であるフリンダース駅に隣接して建設という立地条件に恵まれているこの移民博物館が注目されたようである。

ギリシア系移民など南ヨーロッパからの出身者が多いメルボルンであるが、総合的な移民博物館建設の歴史は浅く、九八年現在でも進行中である。九六年八月にビクトリア州のケネット州首相は旧税関の建物を改築し、博物館にする声明を出した。そして、ビクトリア州政府による助成金が出されたが、それ以外にも献金者の名前を施設に残すことを条件に一人一〇〇ドルの募金を行っている。メルボルンの移民博物館は図書館やデータベース・センター、公文書館などの情報ソース施設を完備する予定である。さらに、移民に関する作品の上映や民族舞踊を公演するためのマルチ・イベント・シアターも計画されている。(24)

アデレードやメルボルンの移民博物館は「移民」という名前を掲げているが、移住する前の地域における圧政や、移住者が先住民に対して行った迫害などもテーマになっている。つまり、これらの文教施設は移民のみならず、アボリジニを含んだ世界各地の諸民族を訪問者に理解させることを目的としているようである。諸民族の共生をテーマとした文教施設は隣人の異なった文化を理解するために役立っている。さらに、訪問したすべての人びとに門戸を開くことは、その地域に住む人びとのみならず、国内外の観光客へも異文化理解のための扉を開くのである。まさに、異文化理解のための文教施設の活用は平和へのパスポートであるといえよう。

注

(1) オーストラリア広報部編『Austaralia in Brief』(日本語版) オーストラリア大使館　一九九四年　三二一ページ

(2) 永吉宏英他「オーストラリアにおける余暇・観光科学の現状」『新しい学問領域としての余暇・観光科学の可能性』大阪体育大学　一九九〇年　四九ページ

(3) 同右　二九ページ

(4) Coppell, Bill, *Australia in Facts & Figures*, Penguin Books Australia Ltd., Ringwood, Vic., 1993, pp. 221-225.

(5) ニュージーランド統計局の資料、*New Zealand in Profile* に基づく。

(6) Magabook Pty Ltd. ed., *A Guide to Australian Universitys-1995/1996*, Magabook Pty Ltd., Randwick, NSW, 1995, pp. 132-137.

(7) 永吉　前掲稿　一〇二ページ

(8) Magabook Pty Ltd. ed., *Study and Travel in Australia-1995/1996*, Magabook Pty Ltd., Randwick, NSW, 1995, p. 179.

(9) つぎにあげるものは、ホームページをもっているが、Eメールのアドレスが不明であった。
Barton Institute of TAFE (Vic), Bendigo Regional Insutitute of TAFE (Vic), Brisbane Insti-

tute of TAFE (Qld), Central Metropolitan College (WA), C. Y. O'Connor College (WA), Far North Queensland Institute of TAFE (Qld), The Great Southern Regional College of TAFE (WA), Kangan Institute of TAFE (Vic), Metropolitan Institute of TAFE (Qld), Mount Isa Institute of TAFE (Qld), Murray Mallee Community College (Vic), Regency Institute of TAFE (Vic), Southern Queensland Institute of TAFE (Qld), South West Regional College of TAFE (WA), Western TAFE International (WA)

(10) 足立照也「ニュージーランドの余暇・観光科学の現状」『新しい学問領域としての余暇・観光科学の可能性』大阪体育大学　一九九〇年　八二ページ

(11) ＩＣＳ編『新版オーストラリア・ニュージーランド留学』三修社　一九九三年　二二二ページ

(12) つぎにあげるものは、ホームページをもっているが、Ｅメールのアドレスが不明であった。
Northland Polytechnic (Whangarei)

(13) ＴＡＦＥの住所や電話番号を掲示しているが、ホームページのアドレスは示されていない。

(14) 観光学コースはないが、ホームページにＥメール・アドレスを掲示していた大学を参考までにいくつかあげておく。
Australian Catholic University (Vic, NSW, Qld), Deakin University (Vic), Flinders University (SA), La Trobe University (Vic), Macquarie University (NSW), Murdoch University (WA), Swinburne University of Technology (Vic), The University of Adelaide (SA), (The) University of Melbourne (Vic), (The) University of New England (NSW), (The) University of Notre Dame (WA), University of Southern Queensland (Qld), (The) University of Sydney (NSW), University of Tasmania (Tas), University of Wollongong (NSW)

（15）観光学コースはないが、ニュージーランドの大学でホームページにEメール・アドレスを掲示しているものを参考までにあげておく。
Messey University（Palmerston North），（The）University of Auckland（Auckland），（The）University of Waikato（Hamilton）

（16）オセアニア島嶼の高等教育機関には、前記のもの以外に以下のものがある。College of Higher Education（Fiji）

（17）Asamizu, Munehiko, “Restauration et Acculturation au Canada,” *Magis*, No. 2, Obirin University, Tokyo, 1997, p. 1.

（18）Kipp, Sandra et al., *Immigration and Australia's Language Resouces,* Australian Government Publishing Service, Canberra, 1995, pp. 106–113.

（19）Kalantzis, Mary and Cope, Bill, “Vocabularies of excellence : rewording multicultural arts policy” in Gunew, Sneja and Rizvi, Fazal, *Culture, Difference and the Arts,* Allen & Unwin Pty Ltd., St. Leonards, NSW, 1994, p. 13.

（20）Macgregor, Paul, “A Bridge of Understanding The Museum of Chinese Australian History as tourist venue and cultural heritage institution” in Davey, Gwenda Beed and Faine, Susan ed., *Traditions and Tourism,* Monash University, Melbourne, 1996, pp. 83–85.

（21）The Archives Working Group of the Cultural Ministers Council ed., *Indigenous Australians,* Cultural Ministers Council, Canberra, 1997, pp. 63–66.

（22）Migration Museum ed., *From Many Places,* Wakefield Press, Kent Town, SA, 1995 を参照されたい。

(23) National Centre for Australian Studies ed., *The Graduate Tourism Program Prospects*, Monash University, Melbourne, 1998, pp. 10-17.

(24) McDonald, Helen, *Fact Sheet* (*Draft*), Immigration Museum, Melbourne, 1998 作成中の内部資料を参照。

10 観光の多様性

観光は「光を観る」行為であり、可視的である。しかし、観光は普段生活している環境とは異なった訪問先で見えないものを知る機会を提供する。それは今まで見たことのない新しい知識であるかもしれないし、それまで持っていた常識を覆すものかもしれない。

ここで、身近な観光という行為を媒体に、オーストラリア社会の特徴やその表面的には見えない部分を紹介したい。さらに、オーストラリアを媒体とした文化相対主義の視点から、日本において常識であると思われているものをいくつか覆してみたい。

なお、観光から見た日豪関係であるが、表10-1のように日本人にとってオーストラリアは有力な渡航先の一つである。オーストラリアから見ると、表10-2のように近年ではニュージーランドが短期訪問者数の首位を奪還しているが、一九八〇年代以降日本からの訪問者が主要であることに変わりはない。このようにデータ上では馴染み深いオーストラリアであるが、この章では数字からは見えない同国社会の特徴についても解説する。

表 10-1　渡航先別出国日本人数

（単位：1000人）

渡　航　先	1995	1998	1999	2000	観光等	短期商用・業務
総数 a	15, 298, 125	15, 806, 218	16, 357, 572	17, 818, 590	14, 582, 476	2, 599, 173
アジア	6, 853, 270	6, 812, 774	7, 466, 640	8, 481, 472	6, 661, 687	1, 648, 217
インド	52, 521	63, 428	66, 658	70, 578	49, 874	18, 459
インドネシア	301, 375	286, 383	369, 323	444, 113	386, 599	49, 334
韓国	1, 565, 947	1, 898, 940	2, 105, 530	2, 386, 544	2, 117, 958	247, 967
シンガポール	731, 679	556, 273	547, 607	585, 159	461, 250	104, 252
スリランカ	13, 181	11, 732	14, 303	10, 154	7, 191	2, 497
タイ	603, 291	777, 552	822, 831	885, 938	734, 546	132, 389
台湾	823, 435	766, 000	762, 941	844, 977	554, 901	278, 034
中国	865, 177	1, 001, 590	1, 226, 847	1, 468, 492	1, 012, 524	413, 312
トルコ	45, 331	65, 149	41, 616	50, 384	44, 668	4, 761
ネパール	17, 080	22, 516	25, 034	26, 551	24, 982	1, 243
フィリピン	284, 142	281, 974	318, 350	352, 640	282, 794	62, 502
ベトナム	69, 244	71, 369	87, 341	115, 857	88, 112	25, 435
香港	1, 159, 589	651, 422	685, 023	810, 526	580, 249	208, 874
マレーシア	229, 332	233, 623	253, 551	268, 322	191, 292	67, 990
モルディブ	22, 890	32, 032	31, 971	38, 354	37, 771	337
北アメリカ	5, 118, 851	5, 360, 693	5, 290, 563	5, 519, 652	4, 720, 592	528, 257
アメリカ合衆国	4, 752, 770	4, 951, 065	4, 841, 292	5, 073, 673	4, 336, 954	495, 568
カナダ	316, 478	350, 128	382, 307	373, 693	325, 110	22, 564
ジャマイカ	11, 534	5, 950	4, 862	4, 165	3, 953	128
メキシコ	26, 115	39, 084	46, 165	52, 826	42, 557	7, 578
南アメリカ	58, 066	62, 033	64, 770	68, 420	44, 493	15, 847
ブラジル	34, 064	38, 314	33, 848	35, 337	21, 064	8, 681
ヨーロッパb	1, 847, 784	2, 228, 052	2, 186, 357	2, 374, 845	1, 884, 983	343, 378
イギリス	392, 958	398, 889	383, 416	401, 844	282, 524	64, 397
イタリア	366, 645	488, 737	445, 994	451, 844	402, 630	39, 198

オーストリア	51, 679	67, 327	72, 135	72, 694	63, 412	6, 081
オランダ	51, 541	71, 506	68, 839	78, 560	54, 900	18, 037
ギリシャ	32, 479	37, 900	36, 948	43, 687	40, 978	2, 051
スイス	99, 941	120, 691	128, 207	147, 735	129, 203	13, 384
スウェーデン	16, 111	19, 302	21, 074	22, 673	14, 522	5, 935
スペイン	100, 521	147, 894	154, 659	162, 316	144, 741	13, 033
デンマーク	18, 154	19, 412	20, 701	21, 783	15, 733	4, 525
ドイツ	233, 711	264, 096	284, 387	335, 625	235, 512	77, 962
ノルウェー	11, 680	15, 243	16, 030	19, 618	16, 798	2, 274
ハンガリー	15, 126	18, 754	19, 674	24, 357	20, 309	3, 088
フィンランド	21, 370	27, 760	25, 958	27, 577	22, 101	4, 546
フランス	331, 130	371, 102	355, 351	389, 206	310, 506	56, 325
ベルギー	28, 065	35, 253	37, 603	42, 258	30, 331	8, 987
ポルトガル	11, 065	23, 876	22, 048	19, 689	17, 211	1, 915
ロシア	36, 934	39, 367	36, 154	45, 370	31, 467	10, 138
アフリカ	75, 771	54, 283	82, 872	106, 470	89, 274	14, 331
エジプト	44, 440	9, 424	31, 218	55, 275	51, 367	3, 330
ケニア	7, 473	7, 808	8, 194	8, 785	7, 373	1, 130
南アフリカ	6, 806	10, 655	10, 242	9, 804	5, 588	3, 630
モロッコ	5, 881	10, 346	13, 759	12, 315	11, 315	840
オセアニア	1, 322, 229	1, 288, 074	1, 266, 065	1, 267, 492	1, 181, 271	49, 143
オーストラリア	744, 376	726, 787	683, 814	699, 867	626, 819	36, 097
北マリアナ諸島	375, 417	331, 281	352, 776	350, 621	345, 820	4, 084
タヒチ	17, 269	10, 968	12, 151	15, 336	14, 788	466
ニューカレドニア	24, 978	33, 966	29, 992	29, 704	29, 371	254
ニュージーランド	133, 772	142, 146	141, 136	143, 270	128, 593	6, 070
フィジー	41, 058	32, 259	33, 821	16, 615	15, 837	487

a　南極大陸及び不詳を含む。b　カザフスタン，キルギスなど地理的にアジアに含まれる旧ソビエト諸国も含む。
出典：総務省統計局編『渡航先別出国日本人数』http://www.stat.go.jp/data/sekai/02.htm. 2003年

表 10-2　出身地別オーストラリア短期訪問者数

（単位：1000人）

出身地	調査年	
	2001年	2002年
オセアニア		
ニュージーランド	814.9	790.1
小計	940.3	905.0
ヨーロッパおよび旧ソ連		
ドイツ	147.6	134.8
イタリア	43.3	43.3
オランダ	56.5	53.0
スウェーデン	31.7	30.9
スイス	46.2	41.5
イギリス	617.2	642.7
小計	1,179.0	1,180.5
中東と北アフリカ		
小計	56.2	51.5
東南アジア		
インドネシア	97.9	89.4
マレーシア	149.4	159.0
フィリピン	30.4	28.5
シンガポール	296.0	286.9
タイ	79.9	82.7
小計	679.0	673.8
東北アジア		
中国	158.0	190.0
日本	673.6	715.5
韓国	175.6	189.7
台湾	110.1	97.4
小計	1,274.3	1,345.5
南北アメリカ		
カナダ	93.1	90.9
USA	446.4	434.5
小計	577.4	556.2
アフリカ（北アフリカを除く）		
南アフリカ	54.9	51.0
小計	71.5	67.3
合計(a)	4,855.7	4,841.2

(a)　南アジアと出身地不明を含む

出典：ABS, *Short-Term Movement : Visitor Arrivals-Country of Residence*, http://www.abs.gov.au/ausstats/abs@.nsf/Lookup/CBBE4058CB5BC0EDCA256D6C00836BA4,2003

1　不自然な自然

(1)　南のリゾート大陸は六月に雪が降る

はじめに、オーストラリアでは日本の常識がいかに非常識であるのかいくつかの事例をあげながら紹介したい。オーストラリアのスワンは黒く、ほ乳類のカモノハシは卵を産んで乳で子を育てることからわかるように、生態系や自然環境自体同国と日本は異なっている。日本でお馴染みのコアラも、ぬいぐるみのような見た目とは異なり、夜間は鋭い爪を用いて活発に活動する。

多くの日本人にとって、オーストラリアといえば、トロピカルなグレート・バリア・リーフや灼熱の大地が広がるエアーズロック周辺を思い浮かべるだろう。特に、正月休暇にケアンズやゴールド・コーストを訪れる人は、常夏のイメージを持たれるかもしれない。しかし、日本の二二倍の面積があり、南北に三五〇〇km以上あるオーストラリアでは地域によって千ばつもあれば雪も降る。しかも、南半球では六月の日照時間が最も短くなるため、オーストラリアは日本と季節が逆になっている。

二〇〇二年にアメリカ・ソルトレークシティで行われた冬季オリンピックでは、不調の日本は金メダルを一つも取れなかったが、オーストラリアは二個の金メダルを取った。それまでの冬季大会で無名だったオーストラリアは「オーストリア」と間違われる場面が多々見受けられたが、狭い場所で練習をできる競技に重点を置いて急速に力を高めていった。男子ショートトラック一〇〇〇mのブラッドバリー選手のように運良く金メダルが転がり込んできた例もあるが、女子エアリアル金メダリストのキャンプリン選手のように、限られた降雪地域で、しかも季節的に不利な状況で練習を積み重ねた選手も少なくない[1]。

なお、南半球では南極に近い南が寒く、赤道に近い北が暑い。南部のタスマニアやメルボルンにはペンギンが住んでおり、北部のダーウィンやケアンズ郊外にはワニが生息している。シドニーではレッドファーン地区のような南部よりも、日当たりの良い北部にあるノース・シドニー地区の方が住宅地として人気が高い。ブリスベンでも、広大な公園として再開発されたサウスバンクは元々低所得者層が住む治安の悪い地域であった。熱帯のカカドゥ国立公園にあるアリ塚は、内部の気温上昇を抑えるために太陽の当たる「北側」の面積が狭くなるように形成されている[2]。そのため、地元のアボリジニの知恵では常識であるが、北側が尖ったアリ塚の形状を知っていると林の中で迷っても方角を確認できる。

(2) 人工的なエコツーリズム（詳しくは5章を参照されたい）

オーストラリアにとって観光産業の役割は重要である。一九九〇年代以降、同国にとって観光は鉄鉱や石炭などの資源輸出よりも重要な外貨収入源として注目されてきた。逆にいえば、オーストラリアの観光が世界的に注目されるようになったのは、イタリアやフランスなどと異なり、比較的新しいことである。

たしかに、労働時間が短縮され、一九四〇年代後半に週休二日制が採用されたオーストラリアでは、すでにリゾート社会を形成する素地ができていた。とはいえ、当時の観光は国内向けの色彩が強く、一九五六年のメルボルン・オリンピックを除くと現在のように海外からの観光客受け入れはさほど盛んではなかった[3]。

ようやく一九七〇年代後半になると、クィーンズランド州の国民党政権は巨大観光プロジェクトに着手し、日本を主体とする外国資本を大量に導入するとともに、官営の観光公社ＱＴＴＣ（Queensland Tourist and Travel Corporation）の設立や総合リゾート法（Integrated Resort Developed Act）の制定といったように、観光関連の諸制度を整えていった[4]。日本人観光客誘致の視点から見ると、他州ではシドニーやメルボルンといった州都に観光客の滞在が集中するのに対し、同州ではゴールド・コーストやケアンズ、ポートダグラスなどの地方都市にまで観光客が訪れるように全州あげて観光に力を入れた。

一九八九年に同州の政権が労働党に変わると、大規模リゾート開発からエコツーリズムへ観光政策のトレンドが転換した。当時のオーストラリアでは、全国的に環境保全への気運が高まり、自然破壊を伴うリゾート開発に対して見直しを行う必要性が生じていた。なお、同国におけるエコツーリズムには三つの特色がある。つまり、①環境に優しい持続可能な観光である、②観光客へ自然についての教育的効果をもたらす、③地元の地域社会に利益をもたらす、という三点である。

世界遺産になったフレーザー島のキング・フィッシャー・ベイ・リゾートの場合、外来種の樹木は用いられず、島の中に自生している木がリゾート地に用いられた。建物の材質は木やボール紙などの自然界で分解されるものが使われ、生態系を破壊しないように心配りされた。ハード面の整備だけでなく、観光客に自然の特徴を指導するレンジャーの育成といったソフト面にも重点が置かれた[5]。

一九八〇年代のバブル期、オーストラリアを訪れる日本人観光客の行動はショッピングや大都市の市内見学が中心であり、エコツーリズムは盛んであるとはいえなかった。エコツーリズムには自然に関するある程度の知識と自然を満喫するための十分な時間が必要なので、日本人観光客には向かないと思われていた。しかし、グルメツアーや語学学校の体験ツアーに見られるように、日本人は知的追求型の旅行が好きである。マスメディアや学校教育の場において環境に関する重要性が高まりつつあることから、日本人観光客の間にもエコツーリズムが発展していくと思われる。

2 文明社会の先住民

(1) 都市のアボリジニ（詳しくは6章1節を参照されたい）

日本人にとってオーストラリアといえば、先住民のアボリジニを思い浮かべる人が多いのではなかろうか。この場合、アボリジニは文明社会から離れた内陸の荒野で狩猟採集している人びとであるといったイメージが強いだろう。

しかし、アボリジニは初めから好んで自然環境の厳しい地域に住んでいたわけではない。本来は降水量が多く、食物をたやすく手に入れることのできる大陸南東部など、オーストラリア各地に住んでいた。一七八八年にイギリスが植民地開発を行った時、アボリジニは四〇〇〜六〇〇のグループに分かれて暮らしていたとされる。[6] 入植以来、南東部の住みやすい土地を移民に奪われたため、同地のアボリジニは伝統的な生活が困難になった。

一八四〇年にマッコーリー総督がシドニー西部のパラマッタ地区にアボリジニの学校を開設し、教育を施そうとしたがうまく行かなかった。やがて植民地の開発が進行すると、土地がらみの争いから、時にはアボリジニに対する虐殺が行われるようになった。虐殺に対して本国政府から非難の声が高まったため、植民地政府ではアボリジニを特定の地域に収容する政策が採用された。[7]

アボリジニのうち、内陸や北部といった入植者が少ない地域では伝統的な生活を保つことができた。しかし、南東部で暮らしていたアボリジニの子どもは、親と隔離された寄宿学校で、伝統的な生活とは異なる生活習慣を強制的に学ばされた。植民地社会に適応させられたアボリジニは主に肉体労働の下働きとして使われた。アボリジニの子どもを親から切り離す「盗まれた世代」は一八八〇年代から一九六〇年代まで続いた(8)。その結果、伝統文化と切り離された少なからぬアボリジニは文明社会のなかで暮らすことになったのである。

(2)　戻らぬブーメランと石器時代の透視画像

アボリジニの伝統的な生活に話を戻すと、日本人の多くがイメージするオーストラリアの狩猟採集生活といえばブーメランを使ったものではなかろうか。この時想像するブーメランはV字型で投げた人の手元に戻ってくるものであろう。ただし、この小型のブーメランは沿岸部の人たちが水辺や湿地帯に住む水鳥を捕らえるために使用したものである。内陸でカンガルーなどの大型動物を捕まえるためのブーメランは左右非対称なL字型で大きい。遠くへ投げても戻ってこないが、近くの動物を引っかけて叩くために柄の部分が長い独特の形状になった(9)。

なお、鳥類やほ乳類は恒常的に捕獲できるものではなく、植物や昆虫などが安定して採取できる栄養源になる。内陸部ではトカゲや昆虫など日本人にとって見慣れない食材が多いが、逆の視点から見ると砂漠の民にとって魚は見慣れない食材であろう。つまり、砂漠に暮らす人びとにとって生の虫はごちそうであり、日本人にとって身近な食材の生魚の方がゲテモノである。

樹木が生い茂り、食料の豊かな北部のアーネムランド地方ではブーメランや戦闘用の楯があまり発達しなかった。[10]逆に、この地域ではトーテム・シンボルが発達し、岩の壁面だけでなく、ユーカリの樹皮にも絵が描かれた。[11]アボリジニの絵画は、壁画、砂画、木皮画、木彫りなど、オーストラリア各地でさまざまな媒体を用いて作成されている。特に壁画は良く知られており、古いものでは三万年前のものが現存している。

砂画は主に内陸の砂漠地帯で宗教的な儀式として大地に描いたものであり、儀式が終わると消え去るものであった。砂の上に根気強く描かれたこの儚いドット・ペインティングは持ち運ぶことが困難であったが、一九七〇年代にジョフ・バードンというシドニーの美術教師がパプンヤにおいてカンバスにアクリル絵の具で描くことをアボリジニに勧めたことにより、この地の作風が他の地域にも広まるようになったとされる。[12]

他方、北部のアーネムランド地方ではX線描法という独特の絵画スタイルが発達した。この描法は表面だけでなく、骨や筋肉の透かしが入った表現方法である。[13]いわば石器時代の透視画像である。なぜ透かし絵を描くようになったのかは諸説あるが、狩猟民族のため獲物である動物の器官を熟知していたことや、宗教上先祖とみなされている動物の内臓を神聖視したことなどが考えられている。伝統的なモチーフとして、獲物やドリーミングと呼ばれるアボリジニの神話が用いられることが多かったが、文明社会と接触した後は新しい物事を伝統的な手法で描いた作品も見られる。[14]

アボリジニの演奏会でよく見られるディジュリドゥも北部に住む一部の部族が使っていた楽器であ

り、オーストラリア各地で用いられていたのではない。本来は楽器としての使用ではなく、主に交信手段として大陸北部で用いられていた。[15] ケアンズ郊外のジャプカイ文化パークでは、ジャプカイ族がディジュリドゥを本来使用していなかったにも関わらず、観光客向けの演奏ショーが見られる。しかも、ジャプカイ族の人口は少ないため、同文化パークでの出演者はオーストラリア各地から集まったアボリジニやトーレス海峡島嶼民も少なくない。[16] このように、伝統文化と思われている観光資源は人為的なものが少なからず見られる。

白人入植後の歴史が短いオーストラリアでは歴史的遺産が少ないため、自然環境に加えて先住民の伝統芸能や民芸品を観光資源として大いに宣伝している。観光客誘致のため、固有の伝統文化を強調するだけでなく、伝統を「創りあげる」こともある。かつては、こうした観光客向けの伝統文化の切り売りやアレンジは伝統破壊として否定的に捉えられることが多かったが、近年では異文化接触に伴う「新しい伝統文化」の創造として文化人類学者の間でも評価されつつある。[17]

3　島大陸の多文化社会

(1)　ユニオン・ジャックは消えるのか

オーストラリアの国旗は南十字星の左側にイギリスの国旗、つまりユニオン・ジャックを描いている。この国旗の変更を巡って、一九九〇年代のキーティング政権時にさまざまな論争が行われた。

国旗問題の源は、一九〇一年のオーストラリア連邦結成時にまで遡ることができる。白豪主義と黄禍論がオーストラリア社会に広まる当時、同国の平和と安全保障のためにはイギリスの強大な力が不可欠であった。しかし、第二次大戦後の大量移民計画と一九七〇年代前半のウィットラム政権による多文化政策の導入によって、オーストラリアの社会状況は一変した。さらに、一九七五年に当時のウィットラム首相がイギリスの名代であるカー総督によって罷免されたことにより、独立国としての尊厳を傷つけられたオーストラリアには共和制移行論がわき上がった。

ただし、オーストラリアがイギリスからいつ独立したのかということは、答えるのが難しい。連邦結成の一九〇一年が通称「独立の年」といわれるが、これは自治領になったに過ぎず、外交権はイギリスが持っていた。オーストラリアがウエストミンスター条約を受け入れ、外交権を得たのは一九四二年のことであった。オーストラリアの司法権がイギリスの影響を受けなくなったのは一九七五年のことであり、立法がイギリス議会の影響を排したのはようやく一九八六年のことである。しかも、名目的とはいえ、今なお憲法上はオーストラリアはイギリス国王の影響下にある(18)。

連邦結成から九〇年後のオーストラリアにとって重要なパートナーはイギリスよりもアジア諸国であり、このことは貿易面で特に明らかになっていった。一九九〇年代に入ると、入国移民におけるアジア出身者の割合は五〇%を超えるようになった。少なからぬアジア人にとってユニオン・ジャックはイギリス植民地支配という負のイメージを思い浮かばせかねない。キーティング元首相は国旗からユニオン・ジャックを外すことにより、オーストラリアはイギリスよりもアジア諸国を向いているというアピールを試みたとされる(19)。

現在のオーストラリアはかつての白豪主義から多文化主義への転換が著しい。近年ではビジネス移民やハイテク移民と呼ばれる人びとが増加している。これらの新しい移民はアジア諸国の出身者が多く、資産や技能の面でオーストラリア人より恵まれている人も少なくない。移民は経済的に貧しく、可哀相な暮らしをしているというステレオタイプは、オーストラリアにおいて必ずしも当てはまらないのである。[20]

(2)　南半球のドイツ・ワイン（詳しくは6章2節を参照されたい）

南オーストラリア州の州都であるアデレード郊外のバロッサ・バレーは、オーストラリア移民史のなかでは珍しく、ドイツ系自由移民によって開拓された土地である。この地が故国のドイツと気候風土が似ていることを発見したドイツ系移民は、入植まもない一八四〇年代からワインの醸造を始めた。現在では、隔年開催される同地のワインフェスティバルがアデレード芸術祭とともにオーストラリアを代表する祭典になるまで発展した。[21]

ただし、オーストラリアのワイン産業は順風満帆に発展したのではない。イギリス系移民が大部分を占めていた第二次大戦以前はシェリーやポートのような甘口の重いワインに国内の消費が傾斜していた。さらに、輸出に関してはヨーロッパまでの輸送距離が長く、かつ赤道を通過しなければならないという大きなハンディキャップを背負っていた。そのため、輸送技術が未熟な段階では、シェリーやポートのようなアルコール強化ワインでさえ劣化が避けられず、テーブルワインに関しては酸化してしまうことも少なくなかった。[22]

第二次大戦が終わると、大量移民政策の副産物として、イタリア人、ギリシア人、旧ユーゴスラビア人などが食事の際にワインを飲む習慣を持ち込んだ。食事中には軽い口当たりのテーブルワインが適しており、国内での消費拡大と上質なワインの需要が生じた。一九六〇年代には赤ワイン・ブームがあったが、多文化政策が導入された一九七〇年代には白ワイン・ブームが起こり、消費量が一気に増大した。[23] この時、白ワインの消費拡大に貢献したのはドイツ種のライン・リーズリングである。現在ではモーゼルやシャルドネなど、さまざまな種類のワインが醸造され、世界的に高く評価されるとともに、ワイン観光の重要な資源として位置づけられている。

なお、イギリス料理の評判があまりよろしくないことから、それをさらにシンプルにしたかつてのオーストラリア料理は悪名高かった。多文化社会の現在では、ドイツ系移民のみならず、さまざまな移民が食文化を持ち込み、同じ国に居ながらにして世界各地の料理を楽しむことができる。ドイツ系移民がバロッサ・バレーに連鎖移民したように、移民の定着先は出身によって異なっている。チャイナタウンはブリスベンやパースなどオーストラリア各地の主要都市に形成されているが、メルボルンのギリシア料理、シドニーのレバノン料理といったように、地域によって特色のある料理も旅先で堪能できる。[24]

4　観光の影を見る

(1) 緑のオリンピックは玉虫色

シドニー・オリンピックは通称「緑のオリンピック」と呼ばれ、環境問題に考慮された。会場のホーム・ブッシュ・ベイは産業廃棄物の埋め立て地を再開発した土地であり、太陽熱の活用や水の循環利用などが行われた。工事は汚染物質を密閉し、土壌を無害化することから始った。太陽電池によって消費電力の半分を賄われた選手村は、オリンピック終了後一六〇〇戸の住宅として分譲された。スタジアムの上に設けられたタンクは雨水を溜め、トイレの排水や植物への散水に用いられた(25)。

しかし、シドニー・オリンピックが本当に「緑」であったのかは疑問が生じる(26)。二〇〇〇年オリンピックの開催地選考で北京に遅れを取っていたシドニーは、環境保護団体の支援を取り込むためにあえて環境を前面に掲げた大規模なキャンペーン活動を行った(27)。その甲斐あって、第三次選考会まで次点だったシドニーは、最終選考会でようやくオリンピックの開催地として選ばれた。

しかも、「緑のオリンピック」は蓋を開けてみると別の色を強調した。つまり、オーストラリアはオリンピックの場を使って、英語系以外の移民や難民、先住民が共生する多彩な多文化社会を売り込んだ。陸上女子四〇〇メートル競争で金メダルを取ったアボリジニのキャシー・フリーマン選手を前面に立てて、実力があればだれでも成功する「平等で民主主義的なオーストラリア」というイメージを盛んにアピールした(28)。

オーストラリアに最初に聖火が到着した地点はアボリジニの聖地であるウルル（＝現地の言葉でエアーズロックを指す）近郊であり、当地の長老に渡された(29)。ウルルの長老は「世界の人たちに、アボリジニの文化や土地のことを知ってもらいたい」「一番大事なことは、お互いがわかり合うことなのだ」といったコメントを残している。[30] オーストラリア国内の第一走者のペリス・ニーボーンもまたアボリジニの陸上選手である。聖火リレーの最終ランナーは秘密にされ、先述のフリーマンが可動式の聖火台に点灯するという驚くべき演出がなされた。

オリンピック開会式のセレモニーのなかで、「オーストラリアの歴史と文化」と題されるアトラクションが八〇分近くにわたって繰り広げられたが、白人と先住民の「和解」を象徴する形で締めくくられた。しかも、フリーマンは金メダルを取った後のウイニングランでアボリジニの旗とオーストラリア国旗の両方を持って競技場を走るというパフォーマンスまでやってのけたのである。[31]

(2) 働く休日

かつての日本人の海外旅行といえば短期間のパッケージツアーが主流であったが、近年では期間の長い個人旅行もしばしば見られるようになった。日本の若い世代が良く利用している長期旅行にワーキングホリデーがある。この制度は、ニュージーランドやカナダ、フランス、ドイツ、韓国などで行われているが、日本との提携はオーストラリアが最も早かった。フレイザー政権下の一九八〇年一二月に日本とオーストラリアの青少年の交流を活性化させるためにワーキング・ホリデー制度が実施された。[32]

ワーキング・ホリデーとは一八歳から二五歳（例外的に30歳）までの人びとを対象に、一年間働きながらオーストラリアを旅行できる制度である。本来は長期休暇のための制度であるが、同一雇用主のもとで三ヵ月までフルタイムで労働をしたり、三ヵ月間フルタイムで語学学校に通ったりすることが可能である。そのため、不況でリストラのリスクが高い日本を離れ、キャリアアップのために語学学校へ通い、働きながら進学のための学費を稼ぐという志の高い人も見られる。

来豪前のワーキング・ホリデー希望者は、オーストラリア人と共に働き、現地の生活を楽しむことを夢見るだろう。他国のワーキング・ホリデー参加者と共に雄大なオーストラリアの農園で働いている人も少なくない。しかし、現実の労働市場は厳しく、英語力にハンディキャップを持つ外国人は、特殊な技能を持っていなければ現地人と対等に働くのは難しい。そのため、多くの日本人ワーキング・ホリデー参加者は、日本食レストランや日本人観光客の多い土産物店などで働いている者が多い。極端な場合、オーストラリア人とのつながりをほとんど持たず、日本から送られてくるビデオを楽しみ、時には仲間と日本人向けのパブでアルコールの度が過ぎて「アニマル」と化すこともあるようである。(33)

なお、安い料金で長期間旅を行うバックパッカーもいる。バックパッカーとは、生活用品が入った大型のリュックサックを背負い、あまりお金をかけずに旅を楽しむ人たちである。安価とはいえ、地元の宿泊施設に長期間滞在し、しかも公共交通機関を利用するバックパッカーはパッケージツアー客よりも地域経済に貢献しているとさえいわれる。(34) しかしながら、バックパッカーの本場の北欧から来た人たちと旅を楽しんでいる日本人もいないわけではないが、こちらも日本人どうしで固まっている例が少なくない。個人的な意見になるが、せっかくの海外暮らしなので、普段出会うことのできない人たちと共に過ごしたほうが充実した生活を送れるのではないだろうか。

以上、オーストラリアをわかりやすく説明するために、手軽に参加できる観光に関する話題に絞って同国を紹介してきた。可視的な同国のイメージとは異なり、エコツーリズムは人工的であり、伝統文化は新しく作られ、料理はイギリス風から脱却しつつある。さらに、オリンピックやワーキング・ホリデーなどで時折オーストラリア観光の影の部分を扱ったため、同国に対するマイナスの印象を強く持たれた方もおられるかもしれない。

しかし、冒頭で述べたように、日本において常識であると思われているものを覆すことが本章の目的であり、オーストラリアを批判しているわけではないことをご了解いただきたい。自画自賛になるが、むしろ同国に対する誤解や偏見をいくつか取り除き、異文化理解のためにまがりなりにも役立ったのではなかろうか。参考文献に関連する著書をあげたので、より詳しく知りたい方はご参考頂ければ幸いである。

注

(1) ソルトレーク・オリンピック冬季大会におけるスケートのショートトラックは転倒者や失格者が続出する大荒れの競技であった。男子一〇〇〇m決勝ではブラッドバリー選手以外全員が転倒したため、最後尾を滑っていた彼に金メダルが転がり込んできた。

(2) アリ塚は内部の気温を一定に保つため、断熱効果のある空気を含んだ土の層によって巨大に作られている。詳しくは以下の文献を参照されたい。

拙著(二〇〇一a)『北アメリカ・オセアニアのエスニシティと文化』くんぷる 八九頁。

（3）メルボルン・オリンピックに関して、以下の文献を参照されたい。拙著（二〇〇一b）『多文化社会オーストラリアにおけるエスニック・ツーリズム形成過程に関する研究』くんぷる　一二四頁。
（4）飯島義雄、朝水宗彦（一九九五）「エコ・ツーリズムと観光開発」『一九九五　八王子セミナーレポート』豪日交流基金第一六回日豪合同セミナー実行委員会　三〇頁。
（5）同右　三一頁。
（6）松山利夫（一九九四）『ユーカリの森に生きる』日本放送出版協会　一四頁。
（7）鈴木清史（一九九五）『都市のアボリジニ』明石書店　二〇頁。
（8）吉浜精一郎（二〇〇一）『オーストラリア多文化主義の軌跡』ナカニシヤ出版　一二〇頁。
（9）拙著（二〇〇一a）前掲書　九一頁。
（10）松山（一九九四）前掲書　一五頁。
（11）同右　一五頁。
（12）有満保江（一九九八）「文化」竹田いさみ、森健編『オーストラリア入門』東京大学出版会　六七頁。
（13）拙著（二〇〇一a）前掲書　九〇頁。
（14）ドリーミングとは、人びとを結び付ける価値体系や精神性に関連した、アボリジニの複雑で相互に入り組んだ神話や信仰を表現したものである。
（15）守田佳子（二〇〇〇）『オーストラリアの風』開成出版　二六頁。
（16）中西直和（一九九八）「オーストラリア北クイーンズランド・ジャプカイ族の文化再生に伴う観光資源の活用」『オーストラリア研究紀要』第二四号　追手門学院大学オーストラリア研究所　一六二

頁。

(17) 関根政美(二〇〇〇)『多文化主義社会の到来』朝日新聞社　六五頁。

(18) 関根政美、リチャード・マクレガー、朝水宗彦(一九九四)「ユニオン・ジャックは消える?」『一九九四　八王子セミナーレポート』豪日交流基金第一五回日豪合同セミナー実行委員会　三三頁。

(19) 同右　三二頁。なお、当時「キーティング首相がアイルランド系であるため個人的に反英的であった」「チャールズ皇太子が王室スキャンダルを起こしたので名目的とはいえ将来の君主にはしたくなかった」などという俗説も流れた。

(20) ビジネス移民やハイテク移民の選抜の時、しばしばポイントシステムが用いられる。これは移民の能力を分野別に点数化し、点数の高い者を移住させる制度である。カナダで発達したこの制度は、後にオーストラリアやニュージーランドにも導入された。詳しくは以下の文献を参照されたい。拙著(二〇〇一b)前掲書　六七頁。

(21) 海野士郎(二〇〇一)「オーストラリアにおける観光資源の文化論的研究」徳久球雄、塚本珪一、朝水宗彦編『地域・観光・文化』嵯峨野書院　一五七頁。

(22) 高橋梯二(一九九六)『魅惑のオーストラリアワイン』時事通信社　七頁。

(23) 同右　九頁。

(24) オーストラリアにおけるエスニック料理に関して、以下の文献を参照されたい。拙著(二〇〇〇)『オーストラリアのエスニシティ』文芸社　一三九～二一二頁。

(25) 大津彬裕(二〇〇〇)「シドニー・オリンピックの二つの柱」*Newsletter* 14, 南山大学オーストラリア研究センター　三七頁。

(26) シドニー・オリンピックに関して、以下の文献を参照されたい。

拙著（二〇〇一b）前掲書　二七九～二八四頁。
(27) 拙著（一九九九）前掲書　九三頁。
(28) 関根政美（二〇〇一）「社会・文化・その他」*Newsletter* 15, 南山大学オーストラリア研究センター　一九頁。
(29) なお、アボリジニにとってエアーズロックは聖地であるため、彼らは登れないことになっている。そのため、エアーズロック周辺の散策や生態系の説明、伝統文化の解説などがアボリジニのガイドの主な業務になる。アボリジニ観光の概要について、以下の文献を参照されたい。
拙著（二〇〇〇）前掲書　一〇三～一三六頁。
(30) 吉浜（二〇〇一）前掲書　二五四頁。
(31) 関根（二〇〇一）前掲稿　二〇頁。
(32) 吉浜（二〇〇一）前掲書　七九頁。
(33) 守田（二〇〇〇）前掲書　七八頁。
(34) 高容生（一九九九）「バックパッカーの観光学」『第四回観光に関する学術研究論文』アジア太平洋観光交流センター　一五頁。

執筆者紹介

一九六九年生まれ
秋田大学教育学部社会科卒業
桜美林大学大学院国際学研究科修了
博士（学術）
青山学院女子短期大学英文学科非常勤講師
北海学園北見大学商学部専任講師
東京農業大学教職課程兼任講師 を経て、
現在 立命館アジア太平洋大学アジア太平洋学部専任講師
主な著書
『国際化の地理学』（共著）学文社 一九九八年
『北アメリカ・オセアニアのエスニシティと文化』くんぷる 二〇〇一年
『多文化社会オーストラリアにおけるエスニック・ツーリズム形成過程に関する研究』（博士論文）くんぷる 二〇〇一年
『地域・観光・文化』（共著）嵯峨野書院 二〇〇一年
Introduction to Multicultural Tourism
新風舎 二〇〇二年

オーストラリアの観光と食文化

一九九九年 九 月一五日 第一版第一刷発行
二〇〇三年一〇月二五日 改訂版第一刷発行

著 者 朝 水 宗 彦

◉検印省略

発行所 株式会社 学 文 社
郵便番号 一五三-〇〇六四
東京都目黒区下目黒三―六―一
電話 03（三七一五）一五〇一（代）
振替口座 〇〇一三〇-九-九八八四二

発行者 田 中 千 津 子

乱丁・落丁の場合は本社でお取替します。
定価はカバー・売上カードに表示。

印刷所・㈱ シナノ

ISBN 4-7620-1275-0

索　引

ま　行

や　行

ら　行

わ　行

主要参考文献

オーストラリア研究

大津彬裕『オーストラリア 変わりゆく素顔』大修館 1995年

幸野稔「オーストラリアにおける多文化主義」『秋田大学一般教育総合研究科目研究紀要 諸民族の社会と文化Ｉ』1990年

シェリントン，ジェフリー／加茂恵津子訳『オーストラリアの移民』勁草書房 1985年

鈴木清史『都市のアボリジニ』明石書店 1995年

関根政美『マルチカルチュラル・オーストラリア』成文堂 1989年

竹田いさみ・森健編『オーストラリア入門』東京大学出版会 1998年

田村加代「アボリジナルアートの都」『オセアニア教育研究』第４号 1997年

田村恵子「オーストラリア・アボリジニと文化観光」『旅の文化研究所研究報告３』 1995年

遠山嘉博「オーストラリアおよびクィーンズランドにおける日本の観光客と観光投資」『オーストラリア研究紀要』第17号 1991年

ブレイニー，ジェフリー／長坂寿久・小林宏訳『距離の暴虐』サイマル出版会 1980年

朝水宗彦『多文化社会オーストラリアにおけるエスニック・ツーリズム形成過程に関する研究』くんぷる 2001年

朝水宗彦『北アメリカ・オセアニアのエスニシティと文化』くんぷる 2001年

朝水宗彦『オーストラリアのエスニシティ』文芸社 2000年

松山利夫『ユーカリの森に生きる』日本放送出版協会 1994年

守田佳子『オーストラリアの風』開成出版 2000年

関根政美『多文化主義社会の到来』朝日新聞社 2000年

高橋梯二『魅惑のオーストラリアワイン』時事通信社 1996年

徳久球雄・塚本珪一・朝水宗彦編『地域・観光・文化』嵯峨野書院 2001年

吉浜精一郎『オーストラリア多文化主義の軌跡』ナカニシヤ出版 2001年

観光研究

金坂清則「イザベラ・バード論のための関係資料と基礎的検討」『旅の文化研究所研究報告３』 1995年

国際観光振興会編「海外及び日本におけるエコツーリズムの現状」『国際観光情報』第274号 1992年

塩田正志・長谷政弘編『観光学』同文舘 1994年

徳久球雄編『環太平洋地域における国際観光』嵯峨野書院 1995年

永吉宏英他「オーストラリアにおける余暇・観光科学の現状」『新しい学問領域としての余暇・観光科学の可能性』1990年
ピアス，ダグラス他／安村克己監訳『観光研究の批判的挑戦』青山社　1995年
ホール，C. M.／須田直之訳『イベント観光学』信山社　1996年
前田勇編『現代観光総論』学文社　1995年
マリオット，ヘレン「異文化間コミュニケーションと日本人観光客」『日本観光学会研究報告』第23号　1991年

オーストラリア一般

Bureau of Immigration and Population Research ed., *Community Profiles 1991 Census Greece Born,* Australian Government Publishing Service, Canberra, 1994.
Bureau of Immigration and Population Research ed., *Community Profiles 1991 Census Italy Born,* Australian Government Publishing Service, Canberra, 1994.
Bureau of Immigration and Population Research ed., *Community Profiles 1991 Census Malaysia Born,* Australian Government Publishing Service, Canberra, 1994.
Bureau of Immigration and Population Research ed., *Community Profiles 1991 Census Singapore Born,* Australian Government Publishing Service, Canberra, 1994.
Bureau of Immigration and Population Research ed., *Community Profiles 1991 Census Viet Nam Born,* Australian Government Publishing Service, Canberra, 1994.
Bureau of Immigration Research ed., *Expectation and Experiences A Study of Business Migrants,* Australian Government Publishing Service, Canberra, 1990.
Caruana, Wally, *Aboriginal Art,* Thames and Hudson, Singapore, 1993.
Department of Immigration, Local Government and Ethnic Affairs ed., *Directory of Ethnic Community Organization in Australia,* Australian Government Publishing Service, Canberra, 1992.
Ellis, Catherine J., *Aboriginal Music,* University of Queensland Press, Brisbane, 1993.
Encel, S. et al., *Australian Society* (4th Edition), Longman Cheshire, Melbourne, 1988.
Evans, Gareth and Grant, Bruce, *Australia's Foreign Relations,* Melbourne

University Press, Carlton, Vic, 1991.

Hugo, Graem, *Atlas of the Australian People-1991 Census,* Australian Government Publishing Service, Canberra, 1995.

Hugo, Graem, *Atlas of the Australian People Victoria,* Bureau of Immigration Research, Canberra, 1991.

Ip, David et al., *Images of Asians in Multicultural Australia,* Multicultural Center, University of Sydney, NSW, 1993.

Iwan, W., *Because of Their Beliefs Emigration from Prussia to Australia,* Openbook Publishers, Adelaide, 1995.

Jupp, James and Kabala, Marie ed., *The Politics of Australian Immigration,* Bureau of Immigration Research, Canberra, 1993.

Macintyre, Clement, *Political Australia,* Oxford University Press, Melbourne, 1991.

Mackay, Hugh, *Reinventing Australia,* Angus & Robertson Publication, Sydney, 1993.

National Centre for Australian Studies ed., *The Lie of the Land,* Monash University, Vic., 1992.

観光一般

BTR, *International Visitor Survey 1996,* Australian Government Publishing Service, Canberra, 1997.

Bureau of Immigration and Population Research, *Japanese Temporary Residents in the Cairns Tourism Industry,* Australian Government Publishing Service, Canberra, 1994.

Bureau of Tourism Research ed., *Japanese Tourism in Australia 1990,* BTR, Canberra, 1990.

Department of Industry, Science and Tourism, *Annual Report 1996-97,* DIST, Canberra, 1997.

Hall, C. M., et al., *Tourism Planning and Policy in Australia and New Zealand,* Irwin Publishers, Sydney, 1997.

Hall, C. M., *Heritage Management in Australia and New Zealand,* Oxford University Press, Melbourne, 1996.

Hall, C. M., *Introduction to Tourism in Australia* (2nd Edition) Longman Australia, Melbourne, 1995.

Harris, Rob and Howard, Joy, *Dictionary of Travel, Tourism and Hospitality Terns,* Hospitality Press, Melbourne, 1996.

McGeoch, Rod, *The BID : Australia's Greatest Marketing Corp,* Reed Book Australia, Melbourne, 1995.
The Parliament of the Commonwealth of Australia, *House of Representatives Select Committee on Tourism Final Report (Parliamentary Paper No. 281/1978)* Australian Government Publishing Service, Canberra, 1978.
Purdie, Helen and O'Connor, Donna-Maree, *Tourism The Total Picture,* The Jacaranda Press, Brisbane, 1990.

人文観光

Altman, Jon, "Tourism Dilemmas for Aboriginal Australians," *Annals of Tourism Research,* 16(4) 1989.
Australian Heritage Commission, *Tourism and the Protection of Aboriginal Cultural Sites,* Australian Government Publishing Service, Canberra, 1994.
Cabramatta Tourist Association ed., *Tourism Development Plan,* Cabramatta Tourist Association, Cabramatta, NSW, 1994.
Denton, Stephanie and Furse, Bill, "Visitation to the 1991 Barossa Valley Vintage Festival," *Festival Management & Event Tourism,* 1(2) 1993.
Jacobs, Jane M. and Gale, Fay, *Tourism and the Protection of Aboriginal Cultural Sites,* Australian Government Publishing Service, Canberra, 1994.
Ioannou, Noris, *Barossa Journeys into a valley of tradition,* Paringa Press, Kent Town, SA, 1997.
Joint Standing Committee on Migration, *Working Holiday Makers : More than Tourists,* Australian Government Publishing Service, Canberra, 1997.
Davey, Gwenda Beed and Faine, Susan ed., *Traditions and Tourism,* Monash University, Vic., 1996.
National Centre for Studies in Travel and Tourism ed., *National Aboriginal and Torres Strait Islander Tourism Strategy,* Aboriginal and Torres Strait Islander Commission, Canberra, 1994.
Office of Multicultural Affairs ed., *Productive Diversity in the Tourism Industry,* Australian Government Publishing Service, Canberra, 1995.

自然観光

Altman, Jon and Finlayson, "Aborigines, Tourism and Sustainable Development," *The Journal of Tourism Studies,* 4(1) 1993.
Commonwealth Department of Tourism ed., *National Ecotourism Strategy,* Australian Government Publishing Service, Canberra, 1994.
Davis, D. et al., "Whale Sharks in Ningaloo Marine Park : managing

tourism in an Australian marine protected area," *Tourism Management,* 18(5) 1997.

Harris, Rob et al., *Sustainable Tourism,* Butterworth-Heinemann, Chatswood, NSW, 1995.

Orams, M. B., "Historical accounts of human-dolphin interaction and recent developments in wild dolphin based tourism in Australia," *Tourism Management,* 18(5) 1997.

食文化

Beeston, John, *A Concise History of Australian Wine,* Allen & Unwin Pty Ltd., St. Leonards, NSW, 1994.

Department of Industry, Technology and Commerce ed., *Australian Processed Food and Beverages Industry,* Australian Government Publishing Service, Canberra, 1991.

Forell, Claude and Erlich, Rita ed., *The Age Good Food Guide 94/95,* Anne O'Donovan Pty Ltd., South Yarra, Vic., 1994.

Gill, Reymond ed., *The Age Cheap Eats in Melbourne,* Anne O'Donovan Pty Ltd., South Yarra, Vic., 1994.

Hoskin, Jenny, "Australia's unofficial ambassador for finefoods and wine," *BIPR Bulletin,* No. 12, October, Bureau of Immigration and Population Research, Canberra, 1994.

McMahon, Jim *Australian Wine-Regions and Rituals,* TAFE Publications, Collingwood, Vic., 1995.

Turner-Neale, Margaret-Mary, *Bush Foods,* IAD Press, Alice Splings, 1996.

Skurray, G. R. and Newell, G. G., "Food Consumption in Australia 1970-1990," *Food Australia,* 45(10) 1993.

Symons, M., *The Shared Table,* Australian Government Publishing Service, Canberra, 1993.

資　料

資料1　国際観光客の

順位		国名	入国観光客数（単位：1000人）		1980/1995年平均成長率(%)	全観光客における割合(%)	
1980年	1995年		1980年	1995年		1980年	1995年
1	1	フランス	30,100	60,110	4.72	10.47	10.66
2	2	アメリカ合衆国	22,500	43,318	4.46	7.83	7.69
3	3	スペイン	22,388	39,324	3.83	7.79	6.98
4	4	イタリア	22,087	31,052	2.30	7.68	5.51
7	5	イギリス	12,420	24,008	4.49	4.32	4.26
10	6	ハンガリー	9,413	20,690	5.39	3.27	3.67
8	7	メキシコ	11,945	20,162	3.55	4.15	3.58
19	8	中国	3,500	20,034	12.33	1.22	3.55
13	9	ポーランド	5,664	19,200	8.48	1.97	3.41
5	10	オーストリア	13,879	17,173	1.43	4.83	3.05
6	11	カナダ	12,876	16,896	1.83	4.48	3.00
—	12	チェコ	—	16,500	—	—	2.93
9	13	ドイツ	11,122	14,847	1.94	3.87	2.63
11	14	スイス	8,873	11,500	1.74	3.09	2.04
28	15	香港	1,748	10,200	12.48	0.61	1.81
17	16	ギリシア	4,796	10,130	5.11	1.67	1.80
22	17	ポルトガル	2,730	9,706	8.82	0.95	1.72
—	18	ロシア	—	9,262	—	—	1.64
26	19	マレーシア	2,105	7,469	8.81	0.73	1.33
50	20	トルコ	921	7,083	14.57	0.32	1.26
27	21	タイ	1,859	6,951	9.19	0.65	1.23
21	22	オランダ	2,784	6,574	5.90	0.97	1.17
23	23	シンガポール	2,562	6,422	6.32	0.89	1.14
18	24	ベルギー	3,777	5,560	2.61	1.31	0.99
25	25	アイルランド	2,258	4,821	5,19	0.79	0.86

目的地（1980・1995年）

順位		国名	入国観光客数（単位：1000人）		1980/1995年平均成長率(%)	全観光客における割合(%)	
1980年	1995年		1980年	1995年		1980年	1995年
54	26	南アフリカ	700	4,488	13.19	0.24	0.80
57	27	インドネシア	527	4,324	15.06	0.18	0.77
29	28	マカオ	1,656	4,202	6.40	0.58	0.75
31	29	チュニジア	1,602	4,120	6.50	0.56	0.73
43	30	アルゼンチン	1,120	4,101	9.04	0.39	0.73
47	31	韓　国	976	3,753	9.39	0.34	0.67
51	32	オーストラリア	905	3.726	9.89	0.31	0.66
15	33	ブルガリア	5,486	3,466	−3.01	1.91	0.61
24	34	サウジアラビア	2,475	3,325	1.99	0.86	0.59
30	35	プエルトリコ	1,639	3,131	4.41	0.57	0.56
38	36	ノルウェー	1,252	2,880	5.71	0.44	0.51
37	37	エジプト	1,253	2,872	5.69	0.44	0.51
20	38	ルーマニア	3,270	2,608	−1.50	1.14	0.46
33	39	モロッコ	1,425	2,602	4.10	0.50	0.46
98	40	バーレーン	150	2,483	20.58	0.05	0.44
34	41	台　湾	1,393	2,332	3.49	0.48	0.41
35	42	スウェーデン	1,366	2,310	3.56	0.48	0.41
44	43	イスラエル	1,116	2,212	4.67	0.39	0.39
41	44	インド	1,194	2,124	3.91	0.42	0.38
71	45	キプロス	353	2,100	12.62	0.12	0.37
45	46	ウルグアイ	1,067	2,065	4.50	0.37	0.37
36	47	ブラジル	1,271	1,991	3.04	0.44	0.35
46	48	フィリピン	1,008	1,760	3.79	0.35	0.31
66	49	ドミニカ共和国	383	1.746	10.64	0.13	0.31
52	50	日　本	844	1,731	4.91	0.29	0.31
		世界合計	287,493	563,641	4.59	100.00	100.00

出典：World Tourism Organization ed., *Yearbook of Tourism Statistics*, 1(49) WTO, Madrid, 1997, p. 14.

資料2　国際観光

順位		国名	観光収入（単位：US100万ドル）		1980/1995年平均成長率（%）	全世界における割合(%)	
1980年	1995年		1980年	1995年		1980年	1995年
1	1	アメリカ合衆国	10,058	61,137	12.79	9.55	15.32
2	2	フランス	8,235	27,527	8.38	7.82	6.90
3	3	イタリア	8,213	27,451	8.38	7.80	6.88
4	4	スペイン	6,968	25,701	9.09	6.62	6.44
5	5	イギリス	6,932	19,073	6.98	6.58	4.78
6	6	ドイツ	6,566	16,221	6.21	6.23	4.07
7	7	オーストリア	6,442	14,597	5.60	6.12	3.66
19	8	香港	1,317	9,604	14.16	1.25	2.41
9	9	スイス	3,149	9,364	7.54	2.99	2.35
34	10	中国	617	8,733	19.32	0.59	2.19
16	11	シンガポール	1,433	8,378	12.49	1.36	2.10
10	12	カナダ	2,284	8,012	8.73	2.17	2.01
27	13	タイ	867	7,664	15.64	0.82	1.92
24	14	オーストラリア	967	7,100	14.21	0.92	1.78
51	15	ポーランド	282	6,700	23.52	0.27	1.68
8	16	メキシコ	5,393	6,164	*	5.12	1.54
15	17	オランダ	1,668	5,762	8.62	1.58	1.44
12	18	ベルギー	1,810	5,719	7.97	1.72	1.43
41	19	韓国	369	5,587	19.86	0.35	1.40
56	20	インドネシア	246	5,228	22.60	0.23	1.31
46	21	トルコ	327	4,957	19.87	0.31	1.24
21	22	ポルトガル	1,147	4,402	9.38	1.09	1.10
—	23	ロシア	—	4,312	—	—	1.08
43	24	アルゼンチン	345	4,306	18.33	0.33	1.08
14	25	ギリシア	1,734	4,106	5.92	1.65	1.03
52	26	マレーシア	265	3,910	19.65	0.25	0.98

収入（1980・1995年）

順位		国名	観光収入（単位：US100万ドル）		1980/1995年平均成長率（%）	全世界における割合（%）	
1980年	1995年		1980年	1995年		1980年	1995年
18	27	デンマーク	1,337	3,672	6.97	1.27	0.92
25	28	スウェーデン	962	3,447	8.88	0.91	0.86
23	29	台　湾	988	3,286	8.34	0.94	0.82
32	30	日　本	644	3,226	11.34	0.61	0.81
—	31	マカオ	—	3,117	—	—	0.78
—	32	チェコ	—	2,875	—	—	0.72
28	33	エジプト	808	2,800	8.64	0.77	0.70
26	34	イスラエル	903	2,784	7.80	0.86	0.70
20	35	インド	1,150	2,754	5.99	1.09	0.69
37	36	アイルランド	472	2,688	12.30	0.45	0.67
48	37	フィリピン	320	2,450	14.53	0.30	0.61
29	38	ノルウェー	751	2,386	8.01	0.71	0.60
60	39	ニュージーランド	211	2,163	16.78	0.20	0.54
13	40	ブラジル	1,794	2,097	1.05	1.70	0.53
33	41	プエルトリコ	619	1,828	7.94	0.59	0.46
62	42	キプロス	203	1,783	15.59	0.19	0.45
69	43	ハンガリー	160	1,723	17.17	0.15	0.43
30	44	フィンランド	677	1,716	6.40	0.64	0.43
66	45	ドミニカ共和国	168	1,604	16.23	0.16	0.40
31	46	南アフリカ	652	1,595	6.15	0.62	0.40
—	47	クロアチア	—	1,584	—	—	0.40
36	48	バハマ	596	1,346	5.58	0.57	0.34
35	49	チュニジア	601	1,325	5.41	0.57	0.33
70	49	シリア	156	1,325	15.33	0.15	0.33
		世界合計	105,313	399,004	9.29	100.00	100.00

＊統計シリーズ変更のため未算出.

出典：World Tourism Organization ed., *Yearbook of Tourism Statistics*, 1(49) WTO, Madrid, 1997, p. 15.

資料3　留学事情

〈オーストラリア〉

語学研修：語学学校は進学や就職のために語学力を高めることを目的としている。語学学校や大学付属校など，さまざまな形態がある。1989年の教育改革以降，日本からは，フルタイム学生対象の全額私費留学（Full-Fee Course）が一般的。

ELICOS（English Language Intensive Course for Overseas Students）政府認定校（Government Accredited Schools）からなる語学学校の協会。ELICOSに入学を希望するときには学生ビザに必要な入学許可書が発行される。学生ビザは10週間以上在学するときに必要であり，入学時にはメディケアーと呼ばれる医療保険への加入が義務づけられている。

民間の語学学校　読む，書く，話すなどの基礎的なことに重点をおくため，初心者に勧められる。短期間のコースを提供している。都市部でビルを間借りしている小規模校から郊外にキャンパスを構えているものまで規模はさまざまである。私立の専門学校（Private Colleges）の付属校もある。語学と同時にアボリジニの文化や乗馬，ゴルフ・レッスンなどを受けられる民間校もある。

高等教育機関の付属校　TAFE付属の語学学校は，基礎から専門分野まで幅広いレベルでの語学教育を行っている。大学付属の語学学校は，レポートの書き方やプレゼンテーションの仕方など，大学の授業をするのに必要な語学を教える。10～15週間程度のコースを何回か履修するのが一般的である。図書館やドミトリー（寮），ユニオン（生協）などといった大学のキャンパスやその施設を利用できる。

ボランティアによる語学教室　エスニック・グループのコミュニティ・センターや教会，寺院などで週末を中心に語学教室を開催している。本来は永住や長期滞在を予定している移住者などを対象としているが，短期滞在者でも語学を習える場合がある。なお，世界各地から移民が集まっているオーストラリアでは，コミュニティ・センターで英語以外の言語も習えるのが特徴的である。地元の新聞の日曜版などのクラシファイド（情報欄）等を参照のこと。

学位・資格習得のための留学：オーストラリアの高等教育機関で学ぶ留学生は1990年に2700人であったものが1993年には8000人に増加した。それに伴う外貨収入も2160万ドルから6400万ドルに増加した。*

IELTS（International English Language Testing Service）　アメリカのTOEFLに相当する語学テスト。初心者のレベル1からネイティブ並みのレベル9まで九段階に分かれている。高等教育機関への進学のためには5～7程度要求される。

大学　オーストラリアの大学は1年次から専門教育を行うため、高卒者や専攻を変えた人のために進学準備コースがある。大学院の修士課程は授業主体のコースワーク（course work）と論文主体のリサーチワーク（research work）に分けられる。

TAFE　日本の中卒に当たる10年生以上の進学者や短期間の技術教育を希望する者には修了書（certificate）が与えられる。日本の高卒に当たる12年生以上の進学者や2～3年の教育課程を希望する者にはディプロマ（Diploma）が与えられる。

私立の専門学校　基本的にはTAFEと同様だが，修了書やディプロマは公立校のTAFEのものほど社会的に認められない場合もある。ただし，公立の教育機関で教えていないさまざまな分野の技能を身につけることが可能である。

留学豆知識：オーストラリア大使館内には留学情報室があり，高校やTAFE,大学などのパンフレットや留学情報誌を取りそろえている。

留学前の準備　留学情報誌の『留学ジャーナル』やオーストラリアの日本語新聞で日本でも比較的手に入りやすい『日豪プレス』などを読んでおくと便利である。大使館や大学，出版社などが主催している留学セミナーは最新の情報を得られる格好の機会である。

留学中の活動　アコモデーションはホームステイやフラットと呼ばれるアパートで知人同士で部屋借りをするのが一般的。オーストラリアでは日本語を習っている人が多いので，英語と日本語をお互いに教え合えば上達が早くなり，さらに地元の情報を得られるという利点がある。

〈カナダ〉

語学研修：英語のみならず，フランス語の語学講座も充実している。語学学校には高等教育機関付属のものと私立の英語学校・フランス語学校がある。高等教育機関付属校は基本的には進学のために必要なスキルを教える。

長期休暇を利用したコース　カナダの高等教育機関の学期は9月に始まり5月に終わる。1月にも入学が可能な二学期制のところもある。留学生のための語学講座を休暇中の5～6月に設けている場合

もある。年末・年始にかけてクリスマス休暇があるが，数週間の短期語学コースもみられる。

語学専門校　実用的な日常会話から進学スキルまで語学コースの幅が広い。エクスカーションや乗馬などを体験しながら語学を身につけるプログラムもみられる。一般的に高等教育機関の付属校よりも学期が短く，入学日も多いので，日程を組みやすい。

学位・資格習得のための留学：高等教育機関は州によって多少異なるが，職業訓練的なカレッジと学術研究的な大学に分けられる。ケベック州の場合，大学入学のためにはセジェップと呼ばれる進学準備コースに通う必要がある。留学生の場合，TOEFL などの語学能力証明が必要になる。

学生ビザ　学生ビザ（student authorization）は 1 年間有効であるが，留学 1 年目を終えて成績が優秀であれば在籍のコースを修了するまで延長される。ビザの取得には学校の校長や，カレッジまたは大学の学部長が署名し，留学期間を記載した入学許可通知が必要。医師による健康診断書や銀行などでの預金証明書も必要である。ケベック州の場合，受領許可証（Certificat d'acceptation du Quebec）も必要。

健康保険　外国人の医療費は高いため，大半の大学では留学生に保険加入を義務づけている。ケベック州では留学生の入州に際して健康保険を義務づけている。

総合大学への編入　ブリティッシュ・コロンビア州やアルバータ州など，西部の州ではカレッジから大学への編入が認められる場合がある。

留学生の就労　留学生でもキャンパス内の仕事に就くことが可能。ただし，就労前に労働ビザを得る必要がある。大学課程の修了後 1 年以内なら履修内容に直接関連した仕事に就ける。

留学豆知識：カナダ大使館図書館にはカレッジや大学の案内書を備えている。大使館の広報・文化部を通じて資料請求もできる。

留学の準備　カナダの教育は州に権限があるため，州によって教育制度が異なっている。そのため，志望校選択の際は大使館の広報・文化部や各州の在日事務所などを通して目的地の制度を確かめるほうが望ましい。

留学中の生活　多くの大学では単身者と既婚者のための寮を備えている。アパートを借りる場合には大学の斡旋を受けられる。語学学校

の場合，カナダの生活に慣れるためにホームステイの斡旋を行っている。

〈ニュージーランド〉

語学研修：3ヵ月以内の語学研修には学生ビザは不要である。

高等教育機関の付属語学学校　高等教育機関のなかには，インターナショナル・パシフィック・カレッジのように日本に事務局をもっている私立校もある。進学のための英語が中心であり，高等教育機関の設備を利用できるという利点がある。

英語学校　一般的な集中英語コースは学期が短く，随時入学できる。英語検定のためのコースや進学のためのコース，ビジネス英語コースなど，受講者の目的に合った授業を網羅している。スポーツの体験コースも見られる。

学位・資格取得のための留学：公立の高等教育機関には，大学やポリテクニック（Polytechnic），教員養成校（College of Education）などがある。近年では，私立の高等教育機関（Private Tertiary Institute）もまた拡充されつつある。

大学　1994年の時点ではニュージーランドの大学はオークランド，ワイカト，マッセー，ビクトリア，カンタベリー，リンカーン，オタゴの7校である。

ポリテクニック　国立の高等教育機関で主に職業訓練を目的としている。短期間のコースから，大学と同様の3年コースまである。ディプロマ取得のコースが大半だが，いくつかのポリテクニックでは学士課程のディグリー・コースを設けている。観光や看護，ジャーナリズムなど実務的なコースが組まれている。

私立の高等教育機関　1989年の教育法改正により，学位授与が可能になる。旧来のディプロマ・コースや修了書（Certificate）コースもある。

学生ビザ　90日以上の滞在の時に必要。ビザの申請には入学許可証や医療保険証明書，金融機関発行の残高証明書などが必要。

留学豆知識：ニュージーランド大使館1階にエデュケーション・センターがあり，教育機関のパンフレットの閲覧や配布を行っている。部屋は無人のときがあるが，備え付けの内線電話で職員と連絡を取れる。

留学の準備　留学に関する文献は毎年出版されているものとして，ICS国際文化センター編『新版オーストラリア・ニュージーランド留学』三修社，毎日コミュニケーションズ海外事業部編『毎日留学

年鑑 オーストラリア・ニュージーランド編』毎日コミュニケーションズなどがある。

留学中の生活　語学研修の場合，学校のコーディネーターが斡旋したホームステイを利用することが多い。留学期間が長いときは，一軒家やフラットを数人で借りる場合もある。

＊：1993年は予想値.

出典：Harris, G. T. and Garet, F. G., *Educating Overseas Students in Australia,* Allen & Unwin Pty Ltd., Sydney, 1990, pp. 25-46, 55-61. カナダ・州政府教育大臣審議会編『カナダ留学案内』在日カナダ大使館　1994年　6～16ページ. ニュージーランド・エデュケーション・インターナショナル編『ニュージーランド留学ガイド』ニュージーランド大使館商務部　1994年　8～18ページ.

資料4　ワーキング・ホリデー

〈ワーキング・ホリデー制度〉(Working Holiday)

日本とは，オーストラリアとニュージーランド，カナダが提携している。青少年が相手国の文化と生活様式を理解できる機会を提供することを目的としており，長期間滞在する旅行費用を補うための補助的な仕事に従事できることが特徴である。日本からの希望者は海外生活体験や英語上達を目的としている人が多い。日本からの場合，日本国籍をもっていることが必要である。各国とも年によって条件が異なってくるため，大使館などで確認するほうが望ましい。

〈オーストラリア〉

1980年12月に実施。大平首相（当時）とフレイザー首相（Malcolm Fraser：当時）により締結。18歳から25歳まで（例外的に30歳まで）の独身者か子どものいない夫婦が最長13ヵ月滞在可能（12ヵ月の年もある）。同一雇用主のもとで3ヵ月以上フルタイムで働けない，英語学校にフルタイムで3ヵ月までしか通えないなどといった制限がある。預金残高証明書のほか，修学や飲食業での労働予定の者はレントゲン検査も必要。日本における個人のビザ申請は午前中であるが，郵送のみで受け付ける年もあるので事前に確認のこと。両国のビザ発給数は以下のとおりである。

日本人：1981年（884人），1982年（1,325人），1983年（1,163人），
1984年（1,163人），1985年（1,670人），1986年（2,169人），
1987年（3,552人），1988年（4,934人），1989年（5,166人），
1990年（5,029人），1991年（5,042人），1992年（5,166人），
1993年（5,004人），1994年（5,523人），1995年（6,514人）

オーストラリア人：1981年（227人），1982年（303人），1983年（365人），
1984年（350人），1985年（422人），1986年（561人），1987年（629人），
1988年（869人），1989年（1,126人），1990年（1,660人），
1991年（2,477人），1992年（3,049人），1993年（2,658人），

1994年（2,156人），1995年（1,176人）

〈カナダ〉

1986年3月に実施。中曾根首相（当時）とマルルーニ首相（Brian Mulroney：当時）により締結。18歳から25歳まで（例外的に30歳まで）の人が6ヵ月間滞在可能であるが，現地の移民局で6ヵ月の延長が可能。期間中は雇用の制限はないが，語学学校での研修は3ヵ月以内。カナダのワーキング・ホリデー・ビザは複数回取得可能である。日本でのビザ申請は平日の午前中。両国のビザ発給者は以下のとおりである。

日本人：1986年（236人），1987年（743人），1988年（1,315人），
1989年（2,153人），1990年（2,995人），1991年（3,590人），
1992年（4,000人），1993年（4,000人），1994年（3,500人），
1995年（3,500人）

カナダ人：1986年（172人），1987年（501人），1988年（640人），1989年（899人），
1990年（1,356人），1991年（1,521人），1992年（1,381人），
1993年（1,082人），1994年（1,026人），1995年（896人）

〈ニュージーランド〉

1985年7月に実施。中曾根首相（当時）とロンギ首相（David Lange：当時）により締結。18歳から30歳までの独身者または子どもを同伴せずに渡航できる人で，最長12ヵ月滞在可能。同一の雇用主のもとで3ヵ月を超えて働けず，英語研修を受けられる機関も3ヵ月までである。3ヵ国のなかでもっとも年齢が高く，31歳の誕生日の前日までに入国可能であるが，観光以外は帰国後1年間入国できない。日本における個人のビザ申請は午前中である。両国のビザ発給数は以下のとおりである。

日本人：1985年（110人），1986年（469人），1987年（595人），1988年（771人），
1989年（954人），1990年（950人），1991年（1,195人），
1992年（1,336人），1993年（1,377人），1994年（1,658人），
1995年（2,079人）

ニュージーランド人：1985年（50人），1986年（147人），
1987年（220人），1988年（253人），1989年（401人），1990年（565人），
1991年（979人），1992年（1,037人），1993年（780人），
1994年（607人），1995年（591人）

〈問い合わせ先〉

オーストラリア大使館　東京都港区三田2－1－14
TEL：03-5232-4008

ニュージーランド大使館領事部　東京都渋谷区神山町20－40
TEL：03-3467-2278

カナダ大使館広報・文化部　東京都港区赤坂7－3－38
TEL：03-3408-2101，FAX：03-3408-4862
社団法人・日本ワーキングホリデー協会　東京都中野区中野4－1－1
中野サンプラザ7F
TEL：03-3389-0181
ICS 国際文化教育センター　東京都渋谷区道玄坂1-10-7五島育英会ビル6F
TEL：03-3461-4421，FAX：03-3461-2677
「成功する留学」編集室　東京都渋谷区神宮前5－38－7
TEL：03-5485-2541，FAX：03-5485-2540
株式会社毎日コミュニケーションズ　東京都千代田区一ツ橋1－1－1
パレスサイドビル9F
TEL：03-3211-2539，FAX：03-3215-8239
オセアニア交流センター　東京都港区赤坂8丁目1番5号　AB 赤坂ビル3F
TEL：03-3402-0204，FAX：03-3402-0224

出典：(株) エディト編『海を渡る仕事術　オーストラリア・ニュージーランド編』竹村出版　1997年　152～171ページ，オセアニア交流センター編『ワーキング・ホリデーinオーストラリア』三修社　1996年　8～21ページ，ニュージーランド・エデュケーション・インターナショナル編『ニュージーランド留学ガイド』ニュージーランド大使館　1994年　18～19ページ

資料 5　連邦政府における観光関連相・大臣

大臣名	役　職	就　任
チップ（D. L. Chipp）	観光業務相	1966年12月
ライト（Sen. R. G. Wright）	観光業務相	1968年 2 月
ホーソン（P. Howson）	観光活動相	1971年 5 月
スチュワート（F. E. Stewart）	観光・レクリエーション大臣	1972年12月
ライト（Sen. R. G. Wright）	観光・レクリエーション大臣	1975年11月
産業商務省が観光行政を兼任	観光産業部が担当	
ブラウン（J. J. Brown）	スポーツ・レクリエーション・観光大臣	1983年 3 月
ブラウン（J. J. Brown）	芸術・スポーツ・環境・観光・領土大臣	1987年 7 月
リチャードソン（Sen. G. F. Richardson）	芸術・スポーツ・環境・観光・領土大臣	1988年 1 月
ホールディング（A. C. Holding）	芸術・観光・領土大臣	1989年 5 月
ケリー（R. J. Kelly）	芸術・スポーツ・環境・観光・領土大臣	1990年 4 月
シモンズ（D. W. Simmons）	芸術・観光・領土大臣	1990年 4 月
リー（M. Lee）	観光大臣	1991年12月
ムーア（Hon. J. Moore）	産業・科学・観光大臣	1996年 3 月
ケリー（Jackie Kelly）	スポーツ・観光大臣	1998年10月

注：1991年以降は各省の *Annual Report*（各年）等の政府出版物を参照.

出典：Macintyre Clement, *Political Australia,* Oxford University Press, Melbourne, 1990, pp. 135-156. The Parliament of the Commonwealth of Australia, *House of Representatives Select Committee on Tourism Final Report*（*Parliamentary Paper No. 281/1978*）, Australian Government Publishing Service, Canberra, 1978, pp. 1-2 から著者が作成.